수업이 바뀌면
학교가 바뀐다

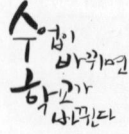

개정판 20쇄 발행 2022년 3월 7일

지은이 사토 마나부
옮긴이 손우정

발행인 김병주
COO 이기택 **CMO** 임종훈 **뉴비즈팀** 백헌탁, 이문주, 백설
행복한연수원 이종균, 이보름, 반성현 **에듀니티교육연구소** 조지연
편집부 이하영, 최진영 **경영지원** 박란희 **디자인** All Design

펴낸 곳 (주)에듀니티
도서문의 070-4342-6110
일원화 구입처 031-407-6368 (주)태양서적
등록 2009년 1월 6일 제300-2011-51호
주소 서울특별시 종로구 인사동5길 29 태화빌딩 9층
출판 이메일 book@eduniety.net
홈페이지 www.eduniety.net
페이스북 www.facebook.com/eduniety
인스타그램 www.instagram.com/eduniety/
　　　　　www.instagram.com/eduniety_books/
포스트 post.naver.com/eduniety

문의하기

투고안내

ISBN 979-11-85992-04-4 (13370)
값은 뒤표지에 있습니다.

- 이 책의 한국어판 출판권은 신원에이전시를 통한 SHOGAKUKAN INC.와의 독점계약으로 (주)에듀니티에 있습니다.
- 저작권법에 의하여 한국 내에서 보호를 받는 저작물이므로 무단전재 및 복제를 금합니다.
- 환경보호를 위해 본문에 재생 종이를 사용했으며 이에 따라 한국간행물윤리위원회의 녹색 출판 인증 마크를 표시했습니다.

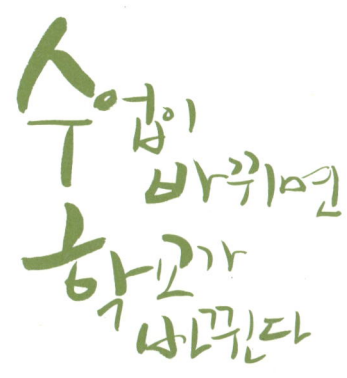

사토 마나부 지음 | 손우정 옮김

에듀니티

| 저자 서문 |

최근 10년 사이, 한국과 일본의 학교교육은 세계화의 진전과 함께 급격하게 변화하는 사회 속에서 공통의 문제에 직면해 오고 있습니다. 아시아 여러 나라를 덮친 경제위기와 신자유주의 교육정책은 학교의 공공성과 민주주의를 위기에 몰아넣고, 새로운 경쟁주의와 능력주의 교육은 아이들의 배움으로부터의 도주를 조장하고 교사들을 곤혹에 빠뜨리고 학교를 황폐화하고 있습니다.

이 책은 이렇게 급격하게 진행되는 학교위기에 직면하면서 한편으로는 그 위기 속에서 진행되고 있는 학교와 교실의 '조용한 혁명'을 제시하고 힘겨운 상황 속에서도 굳건하게 수업과 교육과정을 창조해 가고 있는 교사들을 격려할 목적으로 집필되었습니다.

끊임없이 실시되는 교육정책만을 보고 있자면 절망적인 생각에 사로잡히기도 하지만, 다른 한편에서는 교육과정과 수업의 '조용한 혁명'도 확실하게 진행되고 있습니다. 많은 교사들이 배움을 중심으로 한 수업창조에 도전하여 협동적인 배움을 도입하고 프로젝트학습에 의한 교육과정개혁에 나서는가 하면 학부모의 협력과 참가를 촉진하는 '배움의 공동체' 만들기의 학교개혁을 진행하고 있습니다.

일본 전국의 소학교, 중학교에서 이러한 개혁들 가운데 한가지라도 행하지 않는 학교를 찾아내기란 이제 곤란합니다. 10년 전만 하더라도 생각지도 못한 일입니다. 교사들에 의한 이러한 창조적인 도전은 그 대부분이 미디어를 통해 보도되는 바도 없었으며 교사 자신에 의해서도 정당한 평가를 받지 못했습니다만, 나는 이 조용한 혁명 속에서 내일의 학교교육의 희망을 발견해 왔습니다.

배움을 중심으로 한 수업의 창조, 협동적인 배움에 의한 교실경영, 프로젝트 단원에 의한 교육과정의 창조 그리고 배움의 공동체로서의 학교 만들기로 대표되는 학교와 교실의 조용한 혁명은 일본만의 현상은 아닙니다. 서구 여러 나라에서는 약 30년 전부터 진행해 오고 있으며, 아시아 여러 나라에서도 최근 급속하게 확대되고 있는 상황입니다. 물론 한국도 예외는 아닙니다. 최근 몇 년만 보더라도 한국의 많은 교사들과 연구자들이 학교와 교실의 '조용한 혁명'의 추진자로서 새로운 도전을 시작하고 있음을 나는 알고 있습니다.

나는 이 책을 조용한 혁명을 추진하는 교사들을 지원할 목적으로 집필했습니다. 따라서 이 책은 시작부터 끝까지 교사의 말로서 쓰여 있습니다. 대학의 연구자인 저자가 교사의 말로서 교육과정의 원리나 수업의 실천에 대해서 서술하는 일은 용이하지 않습니다만, 다행히도 나는 지금까지 무수히 많은 교사들로부터 배울 기회를 가져 왔습니다. 그런 의미에서 이 책은 내가 배워 온 수많은 교사들과의 협동 작품이기도 합니다.

이 책을 번역한 손우정 박사에게 감사합니다. 손 박사는 도쿄東京대학교 대학원에서 내가 지도한 제자이며, 지금까지 『교육개혁을 디자인한다』와 『배움으로부터 도주하는 아이들』의 두 권을 번역하여 한국의 많은 훌륭한 교사들과 연구자들과의 만남과 대화의 기회를 제공해 주었습니다.

  나의 저서가 바다를 건너 한국 교사들과 뜨거운 연대를 이루는 끈이 된 것은 뜻밖의 기쁨이며 이 책에 기술된 일본 교사들의 소박한 도전이 한국 교사들과의 진지한 실천적 연대의 띠를 넓히는 일이 된다면 나로서는 더 이상의 기쁨은 없을 것입니다. 조금 전까지의 뜨거운 교류를 통해서 나는 한국과 일본의 학교와 교실에서 진전되고 있는 조용한 혁명의 미래에 그 어느 때보다도 확실한 희망을 안고 있습니다.

2011년 11월
사토 마나부

| 역자 서문 |

교사에게 '수업'이란 무엇인가? 수업혁신을 향한 교사들의 열기가 그 어느 때보다 뜨겁다. 이 열기를 더 해 주고 있는 한 권의 책이 바로 『수업이 바뀌면 학교가 바뀐다』이다.

이 책은 2006년 첫 번역출판 이래 지금까지 우리나라 대형서점에서 스테디셀러로 자리 잡고 있다. 교육학 전문서적으로 이렇게 오랫동안 독자를 확보하고 있는 책은 없을 것이다.

그렇다면 과연 무엇이 이 조그만 한 권의 책에 열광하게 하는 것일까? 그것은 다름 아닌 살아있는 교사와 살아있는 아이들이 만들어가는 살아있는 수업을 이야기하고 있기 때문일 것이다. 이 책의 저자인 사토 마나부는 역자의 박사과정 지도교수로 현재 일본 도쿄대학교 교육학연구과 교수로 재직하고 있으며, 우리나라에서 팬클럽이 생겨날 만큼 교사들이 만나고 싶어 하는 존경받는 연구자이다. 그가 유명한 이유는 아마도 세계에서 수업을 가장 많이 관찰하고 정확하게 분석해 내는 행동하는 연구자라는 점에 있다. 이 책에 등장하는 교실풍경, 수업 이야기 그리고 교육과정은 단순히 이론을 소개해 놓은 것이 아니라 저자가 수업개혁과 학교개혁 과정에 직접 참가하여 수십 년간 관찰하고 분석한 교실 속 '실천의지'로부터 나온 이야기이다. 가르치는 일을 하는 사람이라면 누구나 한 번쯤은 고민했던 일들을 공감할 수 있는 언어로 보여주고 있다는 것이 이 책의 가장 큰 매력이다.

이 책의 매력은 이뿐만이 아니다. 저자는 이 책을 통해 수업과 교실의 현상만을 열거하는 데 그치지 않고 수업혁신, 학교혁신을 위한 구체적인 실현 방안을 '배움의 공동체'라는 비전과 철학으로 함께 제시하고 있다. 저자는 21세기 학교를 '배움의 공동체'로 정의하고 이를 실현하기 위해서는 이제 학교를 아이들만이 배우는 곳이 아니라 교사들도 동료와 함께 배우면서 전문가로 거듭나고 지역주민, 학부모 나아가서는 교육행정가와 교육연구자들도 함께 배우면서 서로 성장하는 장소로 재구축해야 한다고 주장하고 있다. 그리고 이 가운데 가장 중요한 일로 교실을 배움의 공동체로 재구축하는 일을 들고 있으며, 이를 실현하기 위해서는 교사들의 배움공동체로서 '수업사례를 중심으로 한 교내연수'의 정착이 시급하다고 말한다. 교내연수의 목적이 교사의 전문성 신장에 있다면 그 전문성은 다름 아닌 '수업 전문성'으로 결집되어야 하며 수업 전문성은 이론이 아닌 전문가 교사들이 매일 실천하고 있는, 즉 수업사례로부터 쌓아가야 함을 강조하고 있다.

교사는 혼자 성장할 수 없는 직업이다. 교사의 수업 전문성이란 혼자서 열심히 수업을 하는 것만으로는 부족하다. 동료 교사와 함께 전문가로서 서로의 수업을 공개하고 함께 배워가는 관계를 만드는 일에서부터 시작되어야 한다.

'수업이 바뀌면 학교가 바뀐다'는 이 조그만 이 한 권의 책자가 수업을 고민하는 우리 40만 교사들에게 희망의 바이러스가 되었으면 좋겠다.

마지막으로 이번 개정판이 나오기까지 많은 노력과 정성을 기울여 주신 에듀니티 여러분께 감사드린다. 에듀니티의 교육에 대한 열정과 사랑이 없었더라면, 이 책이 독자들과 다시 만나기까지에는 많은 시간이 걸렸을 것이다. 에듀니티에 다시 한 번 고마움을 전하고 싶다.

2011년 11월
손우정

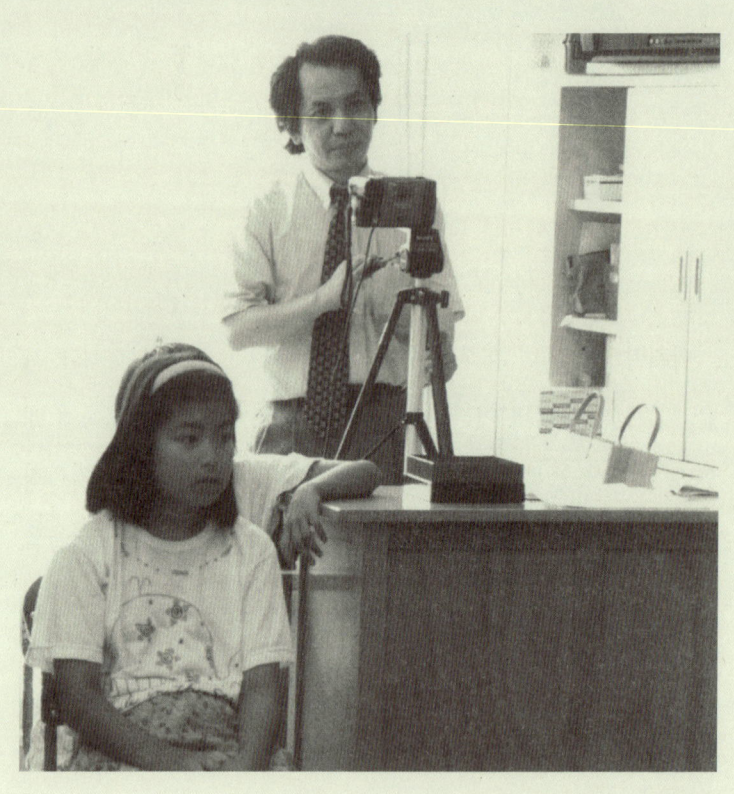

교실 속의 아이들과 교사와 함께 숨결을 나누는 일로부터 나의 관찰은 시작된다. 무엇인가를 보려고 하기 전에 그 교실과 함께 호흡하는 것이다. 교실 앞쪽의 창 측에 붙어서면 내 몸의 의식은 이미 교실 속에 있다. 교실에서 일어나는 일에서 무엇인가를 발견하려 하기보다는 교실에서 일어나는 일들을 있는 그대로 내 속에 받아들이려 한다. 비디오 촬영도 마찬가지이다. 나의 시선은 비디오카메라와 같이 초점과 거리를 반복하여 맞추어가며 본 그대로를 영상으로 기록한다. 수업은 살아있는 것이다. 내가 교실 속에서 한 명 한 명의 아이와 교사와 공진하지 않는 한 살아있는 관찰은 불가능하다.

| 프롤로그 |

수업을 바꾸는 교사

니가타 현 산속의 눈이 소복이 쌓인 호텔에 올해도 29명의 교사가 모여들었다. 매년 3월 가노 씨의 주최로 저자가 협력하고 있는 작은 합숙연구회이다. 수업 비디오기록을 가지고 와서 그 검토를 통해 수업의 존립방식과 교사들의 삶을 더듬어보는 매력이 넘치는 연구회이다. 가노 씨를 만나게 된 것은 8년 전이다. 그 후 가노 씨는 세 학교의 교장을 역임하였으며, 그 학교들을 중심으로 젊은 교사들을 지도하는 일을 끈기 있게 계속해 오고 있다. 매년 합숙연구회에 모이는 약 30명의 교사는 가노 씨가 길러낸 비장의 제자들이며, 한 사람 한 사람 모두가 개성적이면서도 신중하고 성실한 교사들이다. 저자의 연구와 실천에는 언제나 이런 교장과 교사들과의 만남이 보이지 않는 힘이 되고 있다.

이번 연구회의 사례보고 가운데 가장 인상 깊었던 것은 고바야시 선생의 소학교 1년생 '생활과(총합학습)'의 수업이었다. 고바야시 선생은 교직경력 10년의 중견교사로 지금까지 이과를 중심으로 수업연구를 계속해 왔으며, 1학년을 담임하기는 이번이 처음이다. 총 39명(남자 18명, 여자 21명)의 1학년 담임을 맡으면서 고바야시 선생은 한 가지 중요한 결단을 내렸다. 그것은 '일 년에 한차례 굉장한 프랑스 요리를 만들려던 교사에서 매일 세 번 정확하게 쌀을 씻어 맛있는 요리를 만들 수 있는 교사가 되자'는 결단이며, '아이들의 극적인 변화를 기대하는 수업에서 쉬지 않고 계속 성장하는 수업'으로의 전환이다.

하지만 순조롭게 출발한 듯이 보이는 그의 학급도 5월에는 작은 위기를 맞이하게 된다. 어느 날 아침 고바야시 선생이 교실로 가자 복도에서 엄마 손에 이끌려온 테츠야(가명)가 교실에 들어가기 싫다고 울부짖고 있는 것이다. 걱정스러운 눈으로 학급 아이들이 떼를 지어 모여들지만, 도무지 끝이 날 것 같지 않다. "왜 그러니?"라고 고바야시 선생이 묻자 테츠야는 "선생님도 엄마도 다 거짓말쟁이다. 학교가 재미있다고 했는데 온통 거짓말이다", "집에서 컴퓨터를 하는 것이 더 재미있다"고 울부짖는다. 테츠야는 쾌활하고 적극적인 아이였기에 고바야시 선생에게 있어서 테츠야의 말은 충격이었다. 설득할 말조차 잃은 고바야시 선생은 어쩔 수 없이 "학교가 재미없는 곳일지 모르지만, 그래도 참고 학교에 오는 친구들이 많단다"라며 테츠야에게 이야기를 건넸다. 그러자 이를 듣고 있던 호우키가 "그렇다. 나도 전혀 재미없다. 학교가 재미없는 사람 손 들어!"라고 하자 학급 아이들 전원이 "저요"라고 큰소리를 내며 손을 들고 여기저기서 "학교는 정말 싫어요"라며 떠들어대었다. 여기에 충격을 받은 고바야시 선생은 우선 "그래. 테츠야만이 아닐 거야"라고 불쾌한 생각을 감추며 말한 뒤 어떻게든 테츠야를 교실에 들어가게 했다고 한다.

'학교가 재미없다'는 아이들의 말에 교사는 무력해질 수밖에 없다. 아이들이 생각하는 '재미'와 교사가 요구하는 '재미'는 다른 것이다. 그 현실을 인정하고 출발하지 않으면 안 된다고 생각한 고바야시 선생은 "왜 학교가 재미없을까?"라고 아이들에게 물어보았다. 그러자 "선생님이 너무 엄하니까"라는 답이 되돌아온다. "선생님이 엄하다고 생각하는 사람?"이라는 호우키의 외침에 다시 전원이 "저요"하고 손을 든다. '이렇게 자상하게 대하고 있는데'라는 생각이 들지만, 우선은 받아들이지 않을 수 없다.

아이들로부터 난문을 받은 고바야시 선생은 방과 후 가노 교장과 상담하여 그의 메시지를 시의 형태로 아이들에게 전달하기로 했다. 다음 날 아침 바로 고바야시 선생은 자신이 지은 한 편의 시를 칠판에 붙였다.

교실은 단련하는 곳
마지막까지 듣고 귀를 단련하자
차분하게 쳐다보고 눈을 단련하자
똑똑하게 말하며 입을 단련하자
지혜를 모아 머리를 단련하자
단련하여 남에게 도움이 되는 사람이 되자

고바야시 선생이 천천히 다 읽자 아이들은 "야, 굉장하다", "누가 쓴 거니?", "뭐! 고바야시 선생님?" 그러자 "그럼, 고바야시 선생님은 선생님으로 실격이다"라는 소리로 교실은 조용해진다. 고바야시 선생이 "어째서?"라고 묻자 "그렇잖아요. 고바야시 선생님은 친절하기만 하고. 좀 더 엄격해져야 한다니까"라는 대답이 돌아온다. 유꼬가 "고바야시 선생님이 너무 친절하다고 생각하는 사람?"이라고 말하자 또 모두가 "저요"하며 손을 든다. 아이들의 논리에 따르면 교사는 '엄격해도 친절해도 실격'이다.

이 작은 사건을 출발점으로 하여 고바야시 선생은 '서로 배우는 관계'를 교실에 구축하는 실천을 계속해 오고 있다. 그 실천의 첫걸음은 솔직하게 친구에게 '도움을 청하는 아이'를 기르는 일로부터 착수되었다. 언제든지 도움을 청할 수 있는 관계는 안심하고 배움에 참가할 수 있는 분위기를 만들어 내며 교실에서의 관계를 유연하게 해 준다. 그리고 다음에는 '수업을 통해서 누구와 만나게 할 것인가?', '수업을 통해서 사물과 어떻게 마주 대하게 할 것인가?'라는 과제를 수업 만들기의 중심 테마로 설정하였다. '사람과의 만남', '사물과의 만남'이 아이들을 성장시키고 '서로 배우는 관계'를 구축하는 기초가 되기 때문이다. 그의 교실에는 어머니와 아버지와 할아버지와 할머니와 시민이 참가하면서 수많은 소재와 사물이 교실에 들어왔다. 활동을 통해서 협동으로 서로 탐구하는 배움에의 도전이 수업 속에 이루어진 것이다.

고바야시 선생이 합숙연구회에 제출한 비디오는 2개월 전에 실시한 생활과(총합학습) 수업이었다. 지역의 할아버지, 할머니와 함께 '옛날 놀이'를 체험한 후 우유 팩으로 갠다마, 달마 떨어뜨리기, 팽이, 재기 중 어느 한 가지의 장난감을 만드는 활동이다. 자연 소재를 이용하고 싶지만, 요즘 아이들의 공작 기술로는 과제가 너무 어렵다. 하는 수 없이 우유 팩을 소재로 하였다. 하지만 만들 바에야 솜씨를 연마하도록 유의하였다. 처음에는 고바야시 선생이 만든 시범용 작품으로 몇몇 아이들에게 기술을 보여주기도 했다. 불과 몇 분의 시범이었지만, 효과는 탁월하였으며 아이들은 자기가 도전하고 싶은 장난감 만들기에 단숨에 빠져 들어갔다. 고바야시 선생은 언제나 시작을 소중히 하고 있다고 한다. 귀중한 말이다. 서툰 교사는 최후의 결과만을 의식하여 시작을 소홀히 하기 쉽다. 고바야시 선생에게 결과는 어찌 되어도 좋은 것이다. 아이들이 어디에서 어떻게 시작하고 있는가를 항상 세심하게 주의를 기울여 관찰하고 있다. 시작이 모든 것을 결정한다. 아니, 언제나 시작으로 가는 것이 창조적인 교사의 일이다. 묵묵히 작업에 열중하면서 스스럼없는 관계 속에서 서로 도와주면서 함께 배워가는 아이들의 모습이 참으로 훌륭하였다. 교실의 구석구석에서 일어나고 있는 일에 참관자들은 감명을 받으며 비디오를 시청하였다.

참관한 교사의 첫 의견은 "생활과에서 작업을 한다고 하면 넓은 방을 사용할 것이라고 생각하기 쉬운데 좁디좁게 느껴지는 교실을 사용한 것이 멋지다"라는 감상이었다. 아이들의 활동이 산만하게 확산되지 않고 있는 것이다. 고바야시 선생도 "1학년들이 서로 배우는 관계를 구축하는 데에는 교실처럼 좁은 장소가 적합하다"고 대답했다. 다른 교사는 "4가지 장난감 가운데에서 선택하여 작업하고 있지만, 테이블마다 서로 섞여 작업하는 것이 좋았다"고 발언하였다. 이 점에 대해서 고바야시 선생은 "테이블마다 같은 작업의 아이들이 모이면 관계에 변화가 없고 단조로워져서 배움과 성장에 깊이가 없어져 버린다"고 대답하면서 아울러 "함께 배우는 협동을 추구하고 있지만, 그 협동의 전제로 한 사람 한 사람의 자립이 필요하다고 생각해 왔다"고 한다. 적확한 응답이다. 이렇게 하나하나 적확한 교사의 판단이 통상 생활과 수업에서 무의미한 체험주의로 빠져버릴 '우유 팩을 이용한 장난감 만들기'라는 활동을 내실 있는 활동으로 만들고 있다.

가장 흥미 있었던 것은 학습에 곤란을 느끼고 있는 사오리와 리카의 모습이었다. 사오리는 자폐적인 증상, 리카는 정서불안 장애를 안고 있다. 이 두 아이는 4개의 장난감 가운데 가장 단순한 달마 떨어뜨리기를 선택하여 두 아이가 마주 보는 위치에 자리 잡고 서로 도와주면서 하나의 장난감을 협동으로 만들고 있었다. 두 아이에 바싹 다가붙어 있는 아이들도 훌륭하였다. 아무런 기색 없이 두 아이 옆에서 자신의 작업을 해 가면서 두 아이가 도움을 요청하면 기분 좋게 대응하고 있다. 그 스스럼없는 행동이 두 아이를 따뜻하게 지켜주고 있는 것이다. 언제나 수업 도중에 몇 번이고 고바야시 선생 옆에 다가가 정서적 안정을 되찾는 두 아이이지만, 이 수업에서는 한 번도 고바야시 선생이 있는 곳에 오는 일 없이 작업을 달성할 수 있었다. 그리고 전반의 45분이 지났을 때 고바야시 선생은 작업을 계속하고 있는 아이들은 남겨두고 사오리와 리카, 두 아이의 손을 잡고 교실을 나와 10분간 체육관에서 놀기도 했다. 잠시 후 교실로 돌아온 사오리와 리카는 또 조용히 작업에 열중하고 있다.

고바야시 선생이 처음에 선언한 바와 같이 이 수업은 '프랑스 요리' 수업이 아니다. 아주 지극히 소박한 '된장국' 냄새가 풍기는 일상적인 수업인 것이다. 고바야시 선생은 자신의 도전 의미를 "그것을 허무하다고 느끼게 되면…"이라고 겸손한 말로 표현하고 있다. "내가 하고 있는 일이 좋은가 어떤가의 판단은 교실 속의 아이들

한 명 한 명의 표정과 배우는 자세에서 배워갈 수밖에 없다"고 말한다. 그리고 이 일 년간 자신이 해 온 일의 성과인 자신의 수업에 대한 비디오기록을 보면 자신이 애처로워 술 없이는 차마 볼 수 없었다고 이야기한다. 교실에서 아이들을 앞에 두고 헛수고하고 있는 자신이 애처로워 견딜 수가 없었다는 것이다. 이 마지막 한마디 또한 참가자들의 심금을 울렸다.

고바야시 선생이 자신의 수업을 동료와 검토하기 시작한 것은 가노 교장이 사쿠라가오카 소학교에 부임하기 3년 전의 일이다. 가노 교장은 자신이 비디오카메라를 가지고 한 사람 한 사람의 교실수업을 기록하여 교사들의 고민에 귀를 기울이며 수업 만들기를 중심으로 한 교사들의 배움의 공동체를 끈질기게 추진해 왔다. 가노 교장의 호소에 응하여 고바야시, 나카노, 이시가와, 오기노 선생 등 젊은 교사들이 솔선하여 수업을 열고 전문가로서 함께 성장하는 '동료성'을 교내에 구축하였다. 그 3년간의 진행이 고바야시 선생의 수업 만들기를 지탱해 온 것이다.

이 합숙연구회는 한 사람 한 사람의 교실경험을 서로 교류하며 수업이 바뀌고 학교가 바뀌는 이치를 함께 탐색하는 장소이다. 재작년은 하야시 나오미 선생(니가타 시의 세키야 소학교)의 산수수업 비디오로부터 참가자 전원이 배울 수 있었다. 수학적 모델을 구체적인 사물 조작을 통해서 협동하고 서로 탐구하는 훌륭한 2학년 교실을 창조한 것이다. 저학년다운 소박한 발견과 논리에 귀를 기울임으로써 수학적 사고의 깊이와 풍요로움을 남김없이 이끌어낸 수업이었다. 작년은 마스이 선생(니가타 시의 오부찌 소학교)의 도덕수업과 다카하시 선생의 총합학습의 수업기록이 인상적이었다. 마스이 선생은 학급붕괴를 경험한 상처받은 아이들의 마음을 정성을 다해 돌보아주며 격려하여 한 사람 한 사람의 개성적인 윤곽을 지닌 아이들의 발언과 교류를 이끌어내고 있었다.

다카하시 선생의 총합학습은 시의 임시직원으로 축구를 지도하는 아프리카의 청년을 교실에 초청하여 아프리카 요리를 만드는 수업이었다. 이 수업을 조직하면서 다카하시 선생은 몇 년째 계속

등교를 거부하는 메구미를 수업에 참가시키고자 시도하였다. 평상시와는 다른 교실 공간과 관계가 메구미의 참가조건을 만들어주지 않을까라고 판단했기 때문이다. 교실에 참가하여 아프리카 요리를 즐긴 후 메구미를 앞으로 불러내어 다카하시 선생은 그녀의 말을 필사적으로 받아내고 있다. 들으면 들을수록 집에서의 괴로움, 학교에 올 수 없는 괴로움에 공감하게 된다. 다카하시 선생은 자신도 모르게 교사로서의 입장을 잊고 "나도 가끔씩 학교에 가기 싫어서 괴롭다"고 자신의 고민을 메구미의 고민에 오버랩하여 이야기한다. '아, 실수했구나!'라고 느낀 것은 "그럼, 내일 보자"라며 헤어진 후였다. 학교에 오도록 설득한 것이 아니라 메구미의 등교 거부를 격려하는 말을 열심히 이야기한 것이다. 그런데 다카하시 선생의 걱정과는 반대로 메구미는 그날부터 학교에 오가며 교실의 친구들과 함께 배우게 된다.

 수업의 반성과 그 경험의 교류는 교사 한 사람 한 사람의 성장을 위한 양식이 된다. 수업을 바꾸고 학교를 바꾸는 조건은 결코 먼

곳에 있는 것이 아니다. 그것을 가능하게 하는 조건은 모든 교실에 존재하며 모든 학교에 존재하고 있다. 그 가능성을 어디에서부터 열어갈 것인가? 이 책에서는 수업을 바꾸어 학교가 바뀌는 길을 저자의 경험을 통해 탐구해 갈 것이다.

| Contents |

저자 서문 …… 4
역자 서문 …… 8
프롤로그 …… 12

PART 1 교실풍경 배움의 창조로

풍경으로서의 교실 …… 31
거짓 주체성이 만들어내는 것 …… 39
'대응'을 중심으로 한 배움과 수업 …… 47
'대응'하는 교사의 신체와 말 …… 55
배움을 중심으로 한 수업 …… 63
개個와 개個의 조정 …… 71
서로 배우는 교실의 창조 …… 79

PART 2 수업이 바뀐다 학교가 바뀐다

학교를 안에서부터 바꾸기 …… 89
교실을 서로 열기 …… 97
교내연수의 세 가지 원칙 …… 104
학교조직을 단순화하기 …… 112
공개연구회를 개최하기 …… 121
학교를 지역에 개방하기 …… 130

PART 3 교육과정을 디자인한다

교육과정이란 무엇인가? …… 143
'배움의 교육과정'을 중심으로 …… 146
'총합학습'은 왜 혼란스러운가? …… 149
총합학습과 교과학습 …… 152
총합학습의 탄생 …… 155
총합학습의 즐거움 …… 158
총합학습을 창조하는 교사 …… 161
시민성 교육과 배우는 방식을 배운다 …… 164
정답이 없는 배움 …… 167
현실로부터 배운다 …… 170
'자주성·주체성'이라는 기만 …… 174
'공부'로부터 '배움'으로의 전환 …… 177
활동적이고 협동적인 배움 …… 180
협동적 탐구를 조직한다 …… 183
대화를 통해 깊어지는 배움 …… 186
학교를 기초로 한 교육과정만들기 …… 189
총합학습으로부터 교육과정 창조로 …… 192
'배움의 공동체'로서의 학교 …… 195

PART 4 학교개혁의 도전 소·중학교의 실천

코오리야마 시 긴토 소학교 郡山市 金透小學校 …… 201
오지야 시 오지야 소학교 小千谷市 小千谷小學校 …… 207
후쿠이대학 부속중학교 福井大學 附屬中學校 …… 215
나가오카 시 미나미 중학교 長岡市 南中學校 …… 224
치가사키 시 하마노고 소학교 茅ヶ崎市 浜之鄕小學校 …… 233

에필로그 …… 249

PART 1

교실풍경

배움의 창조로

지역사회는 교재의 보물창고이다. 총합학습의 실천은 교실과 교과서의 틀을 넘어 사물과의 만남, 사람과의 만남을 준비한다. 이 사진의 수업에서는 지역 하천에 대한 필드워크에 엄마들도 참가하였다. 수업에 보호자나 시민이 참가하면 아이들도 교사들도 편안하고 부드러워진다. 이 하천에 대한 총합학습은 시작한 지 얼마 되지 않으며 교사 자신도 어디쯤에서 끝맺음을 해야 할지 정하지 못했지만, 사람이나 사물과의 만남이 안정된 배움의 추진력이 된다. 그 안정감이 교사의 평온한 움직임을 만들어낸다. 실제 이 총합학습은 그 후 교실에 학부모가 함께 참가하는 환경보호 시민운동과 교류하면서 풍요롭게 전개되어갔다.

풍경으로서의 교실
'주체성' 신화를 둘러싸고

교실이라는 장소 교실은 저마다 고유한 풍경을 가지고 있다. 매주, 전국 각지의 학교를 방문하여 교실을 관찰해 온 것이 벌써 20년이 넘는다. 유치원, 소학교, 중학교, 고등학교, 양호학교(특수학교) 등 셀 수 없을 만큼 많은 교실을 관찰해 왔지만, 어느 곳 하나 같은 공기를 느끼게 하는 교실은 없었으며 같은 문제를 안고 있는 교실도 없었다. 어느 교실을 방문해도 비슷하거나 반복적인 수업이 이루어지고 같은 문제가 일어나고 있다고 생각하는 경향이 있으나 일본 안에서 똑같은 사람을 아무리 찾아보아도 찾을 수 없는 것처럼 같은 교실 역시 하나도 없다. 지역의 풍토와 문화, 학교의 역사와 전통, 교사의 경험과 개성, 아이들의 생활과 개성에 따라 교실은 저마다 독자적인 얼굴을 가지며 독자적인 숨결 속에서 혼자만의 세계를 만든다.

교실 관찰을 거듭해가면서 저자는 교실의 다양성과 그곳에서 일어나고 있는 일들의 고유성을 무시한 채 수업 일반에 대해서 이야기하는 것이 얼마나 잘못된 일인가를 생각하게 되었다. 하지만 그 다양성과 고유성을 어떻게 표현해야 하는가? 그리고 이 다양성과 고유성을 표현하는 일을 통해서 교실에서 하루하루 다른 아이들과 마주 대하고 있는 서로 다른 개성의 교사들에게 어떤 시사를 제공할 수 있을 것인가?

예로 저자는 최근 3일간 중학교 한 곳과 소학교 두 곳에서 총 5개의 수업을 참관했다. 사회, 영어, 국어 그리고 두 개의 산수 수업이다. 지난주는 두 개의 소학교에서 생활과, 음악, 국어, 이과 거기에 체육까지 총 5개의 수업을 관찰했다. 도쿄의 가나가와, 후쿠시마, 니가타의 학교이며 교직 2년째의 젊은 남자 교사가 있는가 하면 이미 정년퇴직하여 시간강사로 근무하는 노령의 교사도 있다. 아이들도 천차만별이다. 휠체어로 수업에 참가하는 아이가 있는가 하면, 중국에서 온 뉴커머new-comer의 아이도 있으며, 소학교 2학년생이라고 하면서 6학년생도 사용하기 어려운 추상적인 언어로 산수의 의미를 설명하는 아이도 있다. 그 다양성을 아무리 상세하게 설명한다 하더라도 아무것도 제시하지 않은 것과 같을 것이다. 필요한 것은 이러한 교실에서 생긴 일의 의미를 그 다양성에 입각하여 기술하는 일이다.

이 장에서 저자는 교실에서 일어나는 작은 일의 큰 의미를 표현하려 한다. 예가 되는 에피소드는 어느 교실에서나 볼 수 있는 일상적인 작은 사건이다. 그 작은 사건에 내포되어 있는 큰 의미를 풀어 읽어냄으로써 하루하루의 수업을 주시하며 고쳐가는 교실에 새로운 한 걸음을 내디딜 수 있는 계기를 제공하고자 한다.

'주체성'이라는 신화   수업은 아이, 교사, 교재, 학습 환경의 4가지로 구성된다. 이 4가지 구성요소 가운데 최근의 경향은 오직 아이들에게만 관심이 향해 있다는 것이다. 특히 관심, 의욕, 태도를 중시하는 신학력관이 주창된 이래 아이들 스스로가 과제를 설정하여 스스로 방법을 찾아 자기 스스로 해결하는 자학자습의 양식이 이상적인 수업으로 이미지를 굳혀가고 있는 듯하다. 지난주부터 이번 주에 걸쳐 관찰한 10개의 수업에서도 자력해결, 자기결정, 자기표현 등 앞의 4가지 구성요소 가운데 오직 아이들의 '주체성'만을 절대화하는 경향을 볼 수 있다.

교사로부터는 과제가 제시되지 않고 아이들로부터 필연적으로 과제가 제기되도록 학습의 전 과정을 토의시킨 소학교 2학년생의 곱셈 수업, 아이들이 스스로의 힘으로 과제를 해결할 것을 목적으로 다양한 의견을 발표하는 소학교 6학년생의 순열 수업, 아이들이 음악을 창작하여 발표하도록 한 소학교 4학년생의 북 수업, 도서관의 서비스를 조사하는 방법을 서로 이야기하는 소학교 4학년생의 수업, 문학 교재를 어디에 착안하여 읽을 것인가를 계획표로 작성하는 소학교 5학년생의 국어 수업 등이다. 모두가 아이들이 스스로 과제를 설정하여 그 과제에 접근하는 방법을 고안하여 과제를 달성하는 '주체적인 학습'이 추구되고 있는 것이다. 이러한 수업을 관찰할 때마다 곰곰이 생각하게 되는 것이 일본의 교사들을 지배하고 있는 '주체성'이라는 신화이다. 이것은 대단히 골치 아픈 문제이다.

수업에서 주체성 신화는 1920년대 일본의 다이쇼大正 자유교육에서 성립되어 2차대전 이후에 신교육을 통해 보급되었다. 주체성 신화의 문제성은, 이 신화가 일본, 한국, 북한, 중국, 대만, 홍콩, 싱가포르 등 구 유교권 국가의 특징적인 학습관이라는 점에서 찾아볼 수 있을 것이다. '학습 즉 생활'을 이상화하는 경향도 이 나라들의 특징이다. 그 상징적인 사건으로 미국 본토에서는 생활교육의 비판자였던 듀이J. Dewey 교육이론을 이들 나라에서는 '생활

교육' 이론으로 도입한 점을 들 수 있다. 게다가 이 나라들은 주체성을 절대화해 가면서 아이러니하게도 수업 양식에 있어서는 세계 여러 나라 가운데 일제수업 양식이 가장 완고하게 지배하고 있다. 이러한 나라에서는 근대학교의 성립 이전에는 '가르친다'는 개념도 '교육'이라는 개념도 존재하지 않았음에도 불구하고 '자학자습'의 양식만은 존재했던 것이다. 이러한 모순된 관계를 어떻게 이해해야 할 것인가에 대해서는 별도로 논의하기로 하고 다음에서는 주체성 신화가 어떻게 교실에 나타나고 있는가에 대해서 언급하겠다.

공중에 매달린 주체   아이들을 자립적, 자율적인 학습자로 키우는 일은 교육의 크나큰 목적 중의 하나이다. 이에 다른 생각이 있을 리 없다. 주체성 신화란 아이들의 관심과 의욕과 태도 등을 교사와의 관계나 교재나 학습 환경과 떼어내어 아이들 자신의 성향에 따라 주체성을 구하는 신화이며, 아이들의 내면의 주체성에 따라 수행된 학습을 이상화하는 신화이다. 이 색다른 신화는 서구에서의 '주체subject'라는 개념이 '가신家臣, 종속'을 의미한다는 것을 생각하면 보다 더 명료해질 것이다. 서구에서는 신, 자연, 국가, 진리, 민중의 의지 등 자기를 초월한 존재의 종속자가 됨으로써 주체성이 획득된다고 생각하고 있다. 배움의 주체성을 겸허함에서 찾는 것은 이러한 '주체=종속'이라는 사상이 바탕에 있기 때문이다. 하지만 일본에서는 '주체=종속'이라는 생각은 전혀 없다. 일본의 주체성은 오히려 모든 종속관계나 제약으로부터 자유가 되어 자기 내면의 의사에 따라 행동하는 것을 의미한다. 이러한 주체성은 '제멋대로 함'이지 않을까? 아니, 이 주체성은 종속해야 할 것을 상실한 공중에 매달린 주체로 밖에 있을 수 없는 것이 아닐까?

2차 세계대전 이후 교육은 국가와 교사와 학부모의 권력적 통제로부터 아이들을 자유롭게 하고 아이들의 흥미나 관심으로부터 출발하는 교육을 추구해 왔다. 이 토양을 기반으로 하여 무엇이든 주체적으로 배우는 일이야말로 이상적인 배움이라고 하는 주체성 신화가 교사에게도 학부모에게도 침투되고 있다. 전후戰後세대의 아이들은 국가나 교사나 학부모의 강압 때문에 힘들어하는 것이 아니다. 국가나 교사나 학부모로부터 주체적인 삶을 강제당함으로써 시달리고 있다. 강제적이라는 점에서는 전전戰前도 전후戰後도 변함이 없다는 것이다.

주체성 신화는 수업에서 '자학자습'을 이상화하고 '자기표현'이나 '자기결정'을 이상화하는 경향을 만들어내고 있다. 그러나 자학자습이나 자기표현이나 자기결정은 독학의 이상은 될지라도 교재나 동료나 교사가 개입하는 수업 장면에서는 이상화되어서 안 될 것이다. 아이들의 자립적이고 자율적인 배움은 수업의 중요한 요소의 하나이지만, 그 자립적이고 자율적인 배움도 교사의 활동과 교재와 교실의 동료와의 관계나 학습환경과의 관계에서 인식할 필요가 있다. 배움은 교사, 교재, 동료, 환경과의 관계 속에서 생성되고 발전되는 것이므로 그러한 것과 상관없이 아이들의 주체성이 작용하거나 관심이나 의욕이나 태도가 앞서 존재하는 것은 아니다.

검토해야 할 것 앞으로의 수업은 전달형의 일제식 수업 양식에서 벗어나 아이들의 개성적인 배움을 축으로 하는 활동적이고 협동적이며 반성적인 배움의 양식으로 개혁되어야 할 것이다. 그렇게 하는 것이 바로 수업의 성립을 아이들의 주체성으로 환원해버리는 주체성 신화를 극복하는 것이 될 것이다. 주체성 신화로 모험하는 수업은 '저요', '저요'하며 활발하게 활동을 전개하고 있지만, 아이들이 배우고 있는 내용은 어수선하고 질적으로는 빈약하며 아이들의 성장도 표면적이고 빈약하다.

주체성 신화는 일본교육의 체질에 관계되는 까다로운 문제이다. 교사의 체액에까지 깊이 배어있는 완고한 문화의 문제이기도 하다. 다음 절에서는 이 주체성 신화의 구체적인 문제에 초점을 맞추어 교사, 교재, 아이들(동료), 환경의 4가지 요소의 함수로서 아이들의 자립성과 자율성을 촉진하는 수업의 존재방식을 탐구할 것이다.

거짓 주체성이 만들어내는 것
수업 속의 형식주의

손신호 아이들에게 거짓 주체성을 연출시키는 교실이 많다. 그 대표적인 것 중의 하나가 손신호로 진행되는 수업이다. 손신호란 앞의 발언에 찬성할 때에는 보, 반대할 때에는 바위, 질문은 가위라는 사인을 손을 들어 나타내는 방식이다. 교실을 참관하면서 손신호의 수업을 만날 때만큼 실망적인 적은 없다. 어떤 교실에서도 셀 수 없는 수많은 사건이 관찰되기 때문에 결코 실망하는 일은 없지만, 손신호로 진행하는 수업에서만큼은 '아! 또'라는 염려와 '대체 이 교사는 아이들을 어떤 존재로 보고 있는 것일까? 수업을 어떤 행위로 생각하고 있는 것일까?'라는 분노 같은 것이 치밀어온다.

손신호의 효용을 알고 있는 교사는 '아이들의 의견을 일목요연하게 알 수 있으니 좋지 않은가', '아이들이 활발하게 수업에 참가할 수 있기 때문에 좋다' 등으로 반론할 것이 틀림없다. 그렇다. 손신호로 수업을 진행하는 교실에서는 교사가 아이들의 의견 분포를 바로 판별하여 지명할 수 있으며, 무엇보다도 아이들의 발언이 활발해지는 현상을 볼 수 있다. 아이들이 무엇인가 발언해 주기를 바라는 교사들이 많다는 것을 생각하면 이 방법이 교실에 보급된 이유를 모를 리 없다. 그럼에도 불구하고 손신호를 사용하는 교사에게 실망하고 손신호로 '저요, 저요'라며 활발하게 발언하는 아이들을 보면 절망해 버리는 것이다.

이 감상을 전하는 것만으로도 대부분의 교사는 손신호라는 방법의 이상한 모양을 알아차릴 것이다. 그래도 이 방법의 효능을 의심하지 않는 교사에게는 이런 질문을 던진다. "손신호가 좋은 방법이라고 생각한다면 당신은 왜 스스로 실천하지 않습니까? 왜 직원회의를 손신호로 진행할 것을 회의에서 제안하지 않습니까? 왜 연구회나 학부모회 등에서 손신호를 사용하는 일을 자신부터 실천하지 않는 것입니까?"라고. 이렇게 질문하면 거의 모든 교사가 자신의 행위를 부끄럽게 생각하고 저자의 실망과 분노의 의미를 이해하게 된다. 그러나 그래도 손신호로 진행하는 수업의 문제에 대해서 인식하지 못하는 교사도 있다. 그 경우는 직원회의 등에서 자신은 사용하지 않는 방법을 왜 교실에서 아이들에게 강요하는지를 설명하도록 한다. 아이들을 일방적인 조작 대상으로 보는 수업, 교실의 이야기를 일상의 이야기와 분리하여 인위적인 게임으로 하는 수업에 대해서 자각해 주기를 바라기 때문이다.

사고를 속박하는 것 손신호는 아이들을 조작적으로 통제만 하는 것이 아니다. 손신호를 사용하도록 강요당하는 아이들은 사고와 감정의 다양성과 복합성을 무시당하고 자신의 내면에서 일어나는 사고나 감정을 끊임없이 '찬성', '반대', '질문'의 3가지로 분류하여 발언하도록 강제당하고 있다. 일부는 찬성이고 일부는 반대인 의견이나 찬성도 반대도 아닌 의견은 처음부터 제외된다. 그러나 수업에서 가장 가치가 높은 것은 이러한 애매하고 다의적인 의견일 것이다. 애매하고 다의적인 의견을 존중함으로써 교실에 개성적이고 다양한 인식이 성립되고 그 교류와 공유에 의해 한 사람 한 사람이 보다 풍요롭고 깊이 있는 인식에 도달할 수 있기 때문이다.

손신호에는 보다 더 큰 문제가 숨겨져 있다. 원래 손신호를 활용하는 교사는 사고와 의견의 발달은 확실하고 명석해야 한다는 완고한 신념을 지니고 있는 듯하다. 그렇기 때문에 처음부터 '찬성', '반대', '질문'이라는 입장을 명시하고 사고나 감정이나 발언을 요구하는 것이다. '좀 더 큰소리로', '좀 더 확실하게'는 교실에서 교사가 아주 자주 사용하는 말이다. 확실하고 명석하게 발언해야 한다는 신념에 의문의 여지가 없는 교사는 아이들의 더듬거리는 발언의 훌륭함을 이해할 수 없다. 미묘하게 흔들리는 애매모호한 사고나 모순 그리고 갈등을 안고 있는 복잡한 감정의 굉장함을 이해하지 못하는 것이다. 그런 교사의 교실에서는 천천히 사물이나 사항을 생각하는 아이들과 더듬거리는 말로서 자신을 이야기하면서 생각하는 아이는 '이해도가 떨어지는 아이', '발표의욕이 낮은 아이'로 무시당하게 된다. '명석한 언어'와 '표현력'을 요구하는 교사의 선의의 지도 하에서 무시당하고 마는 것이다.

사물을 인식하고 표현하면서 자기 자신을 나타내고, 타자와의 관계를 구축하면서 배우는 행위에 있어서 더듬거리는 사고와 표현은 명석한 사고와 표현만큼이나 중요한 것이다. 명석한 사고와 표현이 유형적인 사고와 감정을 반복하는 행위가 되어버리는 경향이 있는 것에 비해 더듬거리는 사고와 표현은 오히려 창조적인 사고와 표현에서 충분한 위력을 발휘한다고 해도 좋을 것이다. 모든 창조적인 행위는 더듬거리는 언어에 의해 탐색적으로 수행되는 행위이다. 더듬거리는 말이 다른 아이들의 마음에 깊게 와 닿으며 정확한 설득력을 가진다는 것을 교사라면 누구나 알고 있을 것이다. 그럼에도 불구하고 대부분의 교사가 수업에서 더듬거리는 말보다는 확실한 말을 요구하고 작은 소리의 발언보다 큰 목소리의 발언을 요구하며, 애매한 표현보다 명확한 표현을 요구해 버린다. 밝고 활발한 활동이 계속되는 수업이 좋은 수업이라는 주체성 신화가 그만큼 완고하게 교사의 머리와 신체를 속박하고 있다. 손신호는 그 특징적인 현상의 하나인 것이다.

거짓 주체성 일본 소학교 교실의 특징은 '소란스러움(발언 과잉)'에, 있으며 중·고등학교 교실의 특징은 '침묵(발언 거절)'이다. 저자는 서구 여러 나라에서 온 방문자들에게 학교를 안내하는 일이 많다. 그런 경우 먼저 첫인상을 물어보면, 위의 두 가지 특징을 이야기한다. 저자도 매년 외국의 학교를 방문하여 많은 수업을 참관하면서 거의 같은 인상을 받고 왔다. 대체, 왜 서구 소학교의 아이들은 작은 소리로 더듬거리는 발언에서 출발하여도 중학교, 고등학교, 상급 학교로 가면 갈수록 활발하게 발언하고 명료하게 표현할 수 있도록 성장하는 것일까? 그에 비해 왜 일본은 소학교에서 소란스러울 만큼 지나치게 발언하던 아이들이 중학교,

고등학교로 가면서 표정조차 잃어버리고 발언하는 일을 거절하거나 침묵해 버리는 것일까? 이 문제는 일본의 수업을 바로잡는 데 있어서 최대 문제의 하나라고 생각한다.

이러한 현상에는 몇 가지 요인이 있을 것이다. 학급정원과 일제식 수업양식, 효율중시 교육과정 등 제도적인 제약으로부터 파생되고 있는 문제도 많다. 그러나 그것만은 아닐 것이다. 학교(교실) 문화의 문제에서 본다면 거짓 주체성을 추구하는 수업에서의 형식주의가 더 큰 문제로 자리 잡고 있는 것은 아닐까? 즉 유치원, 소학교에서 지나치게 거짓 주체성을 강제당하고 있기 때문에 중학교나 고등학교에 들어가도 소학교 시절에 길들여진 거짓 주체성에 저항하는 데 정신을 잃어 자기 자신의 신체를 자유로이 살릴 수 없게 된다고 이해해야 할 것이다. 그렇다고 한다면 그 발언을 거절하고 능청스러운 표정으로 교실에 앉아있는 중학생이나 고등학생의 광경은 수업을 하는 중학교, 고등학교 교사들에게만 책임이 있는 것이 아니라 유치원, 소학교 교사의 책임이기도 하다.

손 신호뿐만 아니라 거짓 주체성을 추구하는 교사의 의식과 그 의식으로부터 생겨나는 수업의 형식주의는 일본 교실의 구석구석에 침투되어 있다. '기립, 경례'로 시작하여 기립, 경례로 끝나는 수업이 그렇다. 최근에 와서는 '지금부터 △시간째 수업을 시작합니다'라고 하는 것과 같은 부드러운 표현으로 바뀌어 가고 있지만 본질은 마찬가지이다. 자리에서 일어나 발언하는 풍경, 이것도 서구 나라들에서는 아주 옛날에 사라졌지만 일본에서는 대부분의 교실에서 볼 수 있는 특징의 하나이다. 그리고 언젠가부터 많은 교실에 보급된 '설명을 보태기'가 있다. 어떤 발언도 그 자체가 하나의 이해방식이나 사고방식을 표현하고 있다고 한다면 '설명을 보태기' 등은 당연히 사라졌을 것이다. 게다가 일부 교사들 사이에서 실천되고 있는 발언한 아이가 다음 아이를 지명하는 방식이 있는데, 이것도 거짓 주체성을 표현하는 것의 하나라고 보아야 할 것이다. 지금 당장 고치고 바로잡아 극복해야 할 사항은 많다.

원래 거짓 주체성을 요구하는 교사의 의식 밑바닥에는 배우는 활동이나 내용과는 관계없이 교실의 질서나 통제를 용이하게 달성하려는 욕망이 있다. 재미가 없거나 무의미한 과제에 대해서 흥미를 보이지 않거나 활발하지 못한 아이들이 오히려 자연스럽고 건강하다고 하는 당연한 감각을 우선 교사 자신이 되찾을 필요가 있다. 어떤 과제에 대해서도 적극적으로 '관심, 흥미, 태도'를 가진 아이는 지성적으로는 건강하지 못하며 논리적으로는 태만한 학습자이다. 교사 자신이 수업에서 편하게 지내려 하는 안이한 사고방식으로부터 자유로워져야 할 것이다. 늦어도 좋다. 더듬거려도 좋다. 아이들과 차분하게 좋은 시간을 보내자라는 의식으로 교실에 서는 것이 정확한 해결책을 준비해 준다. 그렇게 하다 보면 아이들의 발언을 일방적으로 요구하는 의식으로부터 자유로워질 수 있으며, 발언을 끌어내거나 조직하기 전에 아이들 한 명 한 명의 말을 '듣는 일'과 '음미하는 일'로 교사의 의식을 이동시킬 수 있을 것이다. 그렇다. 우리가 찾아야 할 것은 발언을 잘하는 교실이 아니라 서로 잘 듣는 교실이다. 서로 잘 듣는 교실이 발언을 통해서 다양한 사고와 감정을 서로 교류시킬 수 있는 교실을 준비한다. 이 관계는 반대가 아님을 기억해야 할 것이다.

'대응'을 중심으로 한 배움과 수업
'주체성' 신화를 넘어서

차분한 교실 20여 년 전 저자가 교실방문과 관찰을 시작했을 무렵에 도저히 나 자신의 말로는 사용할 수 없었던 말이 있었다. '차분한 교실'이라는 말이다. 이 말의 표현이 너무나 훌륭하다고 감동하면서도 왜 차분한 교실이 되면 아이들이 부드럽고 편안하게 배우는가? 왜 차분한 교실이 되면 다양한 사고가 이루어지고 수업의 전개가 역동적이 되는가? 왜 차분한 교실이 되면 아이들도 교사도 참관자도 기분 좋은 감정이 넘쳐나는가에 대해서 거의 설명할 수가 없었다. 당시 나로서는 차분한 교실이라는 말의 분위기나 기분은 알겠지만, 그 의미나 의의에 대해서는 거의 모르고 나 자신의 말로서 사용할 수 있는 상태는 아니었던 것이다.

그러나 몇몇 교실 풍경을 참관하고 기록하는 일을 통해서 차분한 교실의 상황을 점점 이해할 수 있게 되었다. 그 반대의 극에 있는 것이 딱딱하고 건조한 관계로 구성된 교실일 것이다. 왁자지껄하고 괴성이 터져 나오는 교실, 활발하게 '저요, 저요'하며 손은 올라가지만 발언경쟁만 과열되어 있는 교실, 혹은 숨쉬기조차 힘든 무거운 공기가 감돌고 몸이 굳어져 버리는 교실 등은 차분한 교실에 대비되는 반대의 극에 있는 교실이라 말할 수 있을 것이다.

차분한 교실에서는 교사도 아이도 주체성이라는 신화로부터 자유롭다. 차분한 교실에는 안심하고 몸을 맡길 수 있고, 사람과 사람과의 관계가 구축되어 있으며, 으스대며 자기주장을 하지 않아도 한 사람 한 사람의 존재가 저절로 소중하게 다루어지며 인정되는 기본적인 신뢰관계가 구축되어 있다. 차분함이라는 말에 표현되어 있는 촉촉함이란 안심하고 몸을 맡길 수 있는 피부감각의 부드러움을 표현하는 것이라 말해도 좋을 것이다. 한 사람 한 사람의 숨결과 그 숨결의 물결이 부드럽게 느껴지는 교실로 이미지화되는 것이다.

'수동적 능동성'으로서의 주체성

차분한 교실을 주체성 신화의 반대 극에 있다고 한 것은 주체성이 수동성을 결락한 일방적인 능동성에 의거하고 있는 것에 비하여 차분한 교실은 수동성을 기초로 하고 있기 때문이다. 또한 차분한 교실에서의 활동은 '수동적 능동성'이라 불리는 대응을 기초로 하여 성립되어 있기 때문이다. '주체적인 배움'이라는 슬로건이 어딘지 모르게 서먹서먹하고 공허한 느낌을 가지게 하는 것은 사람들의 능동적인 활동의 전제로 사람과 사물에 대한 대응이라는 수동성이 있다는 것을 잊고 있기 때문이다.

실제로 건강하고 활발하면서 자신감은 가득하지만, 주위 사람이나 상황에 대한 대응력이 없는 사람만큼 저속하게 웃기고 귀찮은 사람은 없다. 인사가 좋은 예이다. 기분 좋은 인사는 상대에 대한 대응으로서 말을 했을 때 비로소 성립되는 것이지 상대와는 관계없이 일방적으로 말을 건네는 인사는 오히려 불쾌감을 가져올 뿐이다. 커뮤니케이션은 갑작스러운 발신에 응답하는 것이 아니라 발신 전에 상대에 대한 대응이 준비되어 있는 것이다. 전화에서의 '여보세요'와 편지에서 안부를 묻는 '계절인사' 등은 어느 것 할 것 없이 말하는 사람이 상대의 대응을 요구하고 있는 말이라고 하여도 좋을 것이다. '안녕히 주무셨습니까?'라는 인사와 전화에서의 '여보세요'와 편지에서의 계절인사는 말을 건네는 것이지만, 오히려 말을 건네면서 상대의 침묵의 말을 청취해 가는 행위인 것이다.

이것은 교실 커뮤니케이션에 있어서도 발언하는 것 보다는 듣는 편이 훨씬 중요하다는 것을 의미한다. 그러나 대부분의 교사는 아이들의 견해에 대해서도 발언을 중심으로 판단하기 때문에 듣기를 소홀히 하는 경향이 있다. 발표력이 있는 아이보다 가만히 있어도 잘 듣는 아이를 배움에서는 훨씬 우수하게 평가해야 함에도 불구하고 이러한 아이들의 통지표에는 '보다 더 적극적으로 발언합시다'라고 씌어있는 것이 일반적인 경향이다. 사실은, 무턱대고 함부로 발언하는 아이에게 '더욱 주의 깊게 듣도록 합시다'라고 써야 할 것이다. 덧붙여 말하자면, 만약 교실에서 언어적 표현력을 기르고 싶다면 발언을 장려하기보다는 듣는 힘을 기르도록 하는 것이 돌아가는 것 같으나 실은 지름길이 된다. 듣는 힘이 교실에 길러졌을 때 비로소 교실에서의 언어 표현도 풍부해지는 것이다. 이 또한 그 반대가 결코 아님을 기억해야 할 것이다.

'대응'으로서의 활동 수동적 능동성이야말로 바로 우리가 찾고 있는 수업과 배움의 모습이다. 수업도 배움도 대응이라는 반응성을 중심으로 조직되어야 할 것이다. 이 수동적 능동성 또는 대응에 착안하여 아이들의 배움과 교사의 수업이 어떻게 성립되는가를 자세히 살펴보자.

배움이라는 능동적인 활동도 그 기초에는 대응이라는 수동적인 반응이 기초가 되고 있다. 예를 들어, 국어문장을 읽는다고 할 때 그 문장을 읽는 행위를 통해서 배우는 사람은 어떤 이미지를 생각해낼까? 이 수동적인 대응에 대하여 얼마나 주의 깊고 민감한가가 그 읽기의 모든 것을 결정한다고 해도 좋을 것이다. 그리고 산수 문제를 해결하는 데 있어서도 교재가 되고 있는 문제를 읽고 배우는 사람은 문제 상황을 어떻게 이미지화하고 어떤 문제로 인지하였는가가 결정적인 것이 된다.

교육내용을 나타낸 교재에 대한 '수동적 능동성=대응'만이 중요한 것은 아니다. 교실의 배움을 주도적으로 조직하는 교사의 언어에 대한 '수동적 능동성=대응' 또는 다른 아이들의 말에 대한 '수동적 능동성=대응', 나아가서는 자기 자신의 감정이나 이미지나 사고의 흔들림에 대한 '수동적 능동성=대응'도 배움에 있어서는 결정적으로 중요하다.

교사의 말이나 교실 친구들의 말에 대한 대응으로 무엇인가가 환기되는 일, 그 환기된 것을 자기 자신의 말로서 만들어 내어 그 말을 텍스트(교재) 내용이나 다른 친구의 말과 비교해 가며 차이와 공통점을 찾아가는 일, 이러한 개인과 개인이 서로 차이를 조정하며 맞추어가는 일이 배움의 역동적인 과정을 만들어 낸다. 배움에 있어서 겸허함과 주의 깊음이 중요한 것은 역동적인 배움의 과정이 바로 다름 아닌 작은 차이를 서로 느끼면서 맞추어가는 과정이기 때문이다. 예로부터 배움에 있어서 결정적으로 중요한 것은 '깊은 조심성'이라고들 이야기해 왔다. 배움에 대해서 언급한 동서고금의 모든 문헌이 배움의 본질을 깊은 조심성에서 찾고 있다. 자주성이나 주체성, 노력이나 의욕이 배움의 본질은 아닌 것이다.

'대응'을 중심으로 한 수업 '수동적 능동성=대응'은 아이들의 배움에서만 중심이 되는 것이 아니라 교사의 수업에 있어서도 중심이 된다. 하지만 이것이 대부분의 교사들에게는 이해되지 않고 있다. 때문에 '우리 반 아이들은 발표력과 표현력이 부족하다'라고 마치 남의 일인 것처럼 이야기되고 있다. 그러한 교실에서는 교사가 '수동적 능동성=대응'을 중심으로 수업을 전개하고 있지 않을 뿐인 것이다. 쉬는 시간 아이들의 모습을 유심히 관찰해 보기 바란다. 과연 발표력과 표현력이 부족한 아이가 한 사람이라도 있을까?

그렇다면 '수동적 능동성=대응'을 중심으로 한 교사활동이란 어떤 것일까? 그 첫 번째 요건은 끊임없이 교실 속 아이들의 소리 없는 소리를 조심스럽게 듣는 신체로서 아이들 한 명 한 명과 대치하는 일이다. 많은 교실에서 수업을 관찰해 왔지만, 수업의 성공 여부는 수업이 시작되어 교사가 아이들에게 말하기 시작하는 단계에서 그 교사의 신체와 말을 느끼는 것만으로도 이해할 수 있다. 배움이 풍요롭게 전개되는 교실의 교사는 아이들에게 말할 때에도 자신의 말을 의식하고 단어 하나하나를 가리면서 말을 하고 있을 뿐만 아니라 그와 같은 정도로 아이들의 소리 없는 소리를 듣는 일에 의식을 집중하고 있다. 말하는 행위가 동시에 듣는 행위가 되어 있는 것이다.

따라서 배움을 풍요롭게 촉진할 수 있는 교사는 집단을 상대로 이야기할 때에도 한 사람 한 사람에 대해서 이야기하고 있는 것과 같으며 모두에게 말하고 있는 것은 아니다. 교실에 있는 것은 아이들 한 명 한 명이지 모두로 있는 것이 아니기 때문이다. 한 사람 한 사람에게 이야기하면서 그 이야기가 한창 진행 중인 과정에서도 한 명 한 명의 아직 소리가 되어 있지 않은 말에 귀를 기울이며 아이들의 신체의 이미지나 너울거리는 정서의 물결과 함께 공진하고자 하는 것이다. 이러한 신체와 말을 갖춘 교사의 교실에서 배우는 아이들은 행복한 것이다.

하지만 아이들의 신체적 메시지에 둔감한 교사들이 적지 않다. 아이들이 듣고 있지 않으면 대부분의 교사들은 아이들의 듣는 태도를 꾸짖거나 자신의 이야기 방식을 반성하지, 자기 자신의 듣는 방법이나 신체의 움직임이나 그러한 것을 축으로 하여 구성되어 있는 아이들에 대한 관계 방식에 문제가 있음을 성찰할 수 있는 교사는 불과 몇 되지 않는다. 아이들 한 명 한 명에 대하여 교사의 신체가 열려 있지 않은 것이며, 애초부터 한 사람 한 사람의 사고나 정서의 기복과 공진하고 있지 못한 것이다.

'수동적 능동성=대응'을 아이들의 배움과 교사 활동의 기본 축으로 설정해 보자. 주체성 신화에 우롱되지 않는 확실한 교실이 바로 수동적 능동성으로부터 준비될 것이다.

'대응'하는 교사의 **신체와 말**
아이들의 발언을 듣는 일

어느 연구회에서 어느 연구회에서 소학교 5학년 국어과 수업의 비디오기록을 검토하고 있을 때의 일이다. 아이의 발언 하나하나가 단발의 연속으로 아무리 해도 연결되지 않는다. 흔히 있는 경우로 아이의 발언 하나하나마다 교사가 "○○라는 것이구나", "△△라고 말하고 있네"라며 일일이 첨가하게 되면 의미는 하나하나 명료하게 되지만, 발언과 발언 간의 미묘한 반향과 연결이 이루어지지 않는 것이다. 이것은 대부분의 참가자들에 의해 바로 발견된 사항이었기 때문에 한동안 같은 실패담이 몇 명의 교사들에 의해 이야기되었다. 이런 풍경은 연구회에 종종 있는 일이다. 여기에서 끝나지 않는 것이 이미 20년 가까이 참가하고 있는 이 연구회의 묘미인 것이다.

한 사람의 참가자가 "나도 같은 실패를 되풀이하고 있지만 어째서 그렇게 되어 버리는 걸까?"라고 질문을 던졌다. 이것은 중요한 의문이다. 어째서 교사는 아이들의 말 한 마디 한 마디에 일일이 맞장구를 치고 일일이 평가하고 하나하나의 의미를 정리해 버리는 걸까?

작은 술렁거림이 일어나고 잠시 침묵이 이어진 후에 한 교사가 "내 경우는 아마도 시간적인 간격을 두지 않기 위해서라고 생각한다. 수업 중에 침묵의 시간이 생기는 것이 무섭다라는 감각이 항상 있다"라는 것이다. 이어서 다른 교사는 "나도 침묵이 무서워서 아마도 그 무서움을 기다릴 수 없다라는 것과 통하지만, 사실은 아이들의 읽기를 믿을 수 없기 때문이라고 생각한다"라고 말한 뒤 그 교사는 결국 "내가 생각한 대로 읽어주지 않으면 내가 납득할 수 없다는 느낌이지요"라고 덧붙인다.

조금 다른 각도에서 수업의 근본에 관계되는 의견도 나왔다. 문학수업이 서로 이야기하는 수업이 되어버리는 것에 문제가 있다고 생각한다는 것이다. 다시 말해, 텍스트는 수업이 시작하는 시점에서 읽을 뿐, 다음은 발언과 서로 이야기하기 스타일로 시종일관 전개되는 수업이 많다. 그렇게 되면 아이들의 발언 하나하나가 텍스트의 말과 서로 교류되지 못하며, 순간적인 발상이나 산만한 의견이 되기 쉽기 때문에 교사는 발언 하나하나의 의미를 확인하고 싶어지고 아이도 교사의 평가나 승인이나 확인을 요구하게 되는 것이 아닐까 하는 생각이다. 이 의견은 읽기 수업의 근본적인 문제이다. 계속해서 다른 교사도 전적으로 동감을 표시한다. 즉, 읽기수업은 1시간 동안에 아이들을 몇 번 텍스트의 말과 신선하게 만나게 해 줄 것인가에 승부가 달려 있으며, 텍스트로 다시 되돌아가서 읽는 활동은 1시간 가운데 몇 번이고 되풀이되어야 할 필요가 있다. 그러한 입장에서 수업에 임하게 되면 발언 하나하나에 일문일답식으로 교사가 발언하는 일은 없어지지 않을까라고 지적한다.

대응하는 신체 이야기가 이 정도 진행되었을 무렵, 비디오기록을 제공한 수업자가 지금까지의 의견은 어느 것 할 것 없이 모두 핵심적인 것으로 느껴지며 참고가 되었으나 본인의 경우는 또 다른 이유가 있는 것 같다면서 말문을 열었다.

"비디오에서 보신 것과 같이 나는 아이들의 발언 하나하나에 '○○라는 의미이구나'라며 확인하여 칠판에 쓰고 있다. 지금 내 수업의 비디오를 보고 알게 되었지만, 나는 저 칠판에 쓰고 있을 때 '다음은 어쩌지'라고 생각하며 칠판에서 다시 아이들 쪽으로 향해 돌아설 때는 어떻게 수업을 진행해 갈까라는 생각을 가지고 다음 발언을 듣고 있다. 항상 다음은 어쩌지, 다음은 어쩌지라고 생각하고 있기 때문에 아이의 의견을 내가 편한 대로 밖에 듣고 있지 않다고 생각한다."

이 수업자의 예리한 성찰에 참가자 모두는 감동했다. 그렇다. 다시 한 번 수업비디오를 보니 수업자는 아이의 발언을 "응, 응"이라고 수긍하면서 열심히 듣고 있지만, 발언하고 있는 아이 쪽은 교사의 가슴에 자신의 말이 닿았다는 느낌을 가지고 있지 않다. 듣고 있는 교사 쪽도 정확하게 아이의 말을 받아들이고 있다기보다는 '이 발언을 어떻게 이해할 것인가'라는 자신의 의식이 중축이 되고 있음을 엿볼 수 있다. 그리고 "이런 의미로구나"라고 확인하여 판서하고 그 후는 깔끔하게 다른 발언을 향해 있기 때문에 교사 자신 속에서도 발언 하나하나가 연결되어 서로 교류하고 있다는 느낌이 없다는 것이다.

"다음은 어떻게 하지라는 그 초조한 감정은 나도 잘 안다"라고 하면서 또 다른 참가자가 자신의 경험담을 이야기하기 시작했다. 그도 젊었을 때 이 수업자와 마찬가지로 발언 하나하나를 칠판에 정리하는 수업을 해 왔으나 그렇게 하는 한 아이의 발언과 똑바로 마주 대할 수 없다는 것을 선배 교사로부터 지적받고 그 이후 어쨌든 하나하나의 발언을 있는 그대로 받아들이는 것에 전념하려 했다고 말하는 것이다. 그렇게 하니 지금까지 듣지 못했던 아이의 말을 차분하게 들을 수 있게 되고 말이 되지 않는 아이의 생각까지도 느낄 수 있게 되었다라고 그는 덧붙였다.

이 발언으로부터 두 가지 사항을 코멘트하고자 한다. 하나는 교사의 '듣기'에 대한 의의이다. 아이의 발언을 듣는다는 행위는 알기 쉽게 비유하자면, 아이와 캐치볼을 하는 것과 같은 것이다. 아이가 던진 공을 똑바로 받으면 던진 아이는 별말을 건네지 않아도 기분이 좋아질 것이다. 그리고 잘못 던진 공이나 빗나간 공을 똑바로 받아주게 되면, 아이는 다음에는 보다 좋은 공을 던지려고 노력하게 되는 것이다. 이러한 캐치볼의 쾌감이 교사와 아이의 주고받는 일의 기본이 되어야 한다고 생각한다.

하지만 많은 교사는 자신의 수업진행에 마음을 빼앗겨 아이들 한 명 한 명의 하나하나의 발언을 있는 그대로 받아들이려고 하지 않으며, 그 공에 달려 있는 아이의 생각과 공진共振하려고 하지 않는다. 맥없이 공을 떨어뜨리면서 수업을 진행하고 있다고 해도 과언이 아니다. 아주 심한 경우는 자신이 놓친 공을 아이에게 찾아오도록 시키는 교사도 있다. 그러한 주고받음이 계속되면 잘못 던진 공이나 빗나간 공밖에 던지지 못하는 아이는 공 던지는 일 자체를 싫어하게 되고 만다. 그 결과 교사 글러브의 태세를 미리 알 수 있는 뛰어난 아이만이 교사의 준비된 글러브의 위치를 향하여 공을 던지게 되는 것이다. 수업진행을 적확하게 통제하는 일은 물론 교사에게 필요한 일이지만, 그 이전에 교실의 캐치볼을 좋아하게 하는 일은 보다 더 중요한 일이 아닐까? 나아가 캐치볼이 서툰 교사는 수업진행에 대한 의식 이상으로 하나하나의 공을 소중하게 정면에서 받아들이는 데 모든 정성을 기울여야 할 것이다.

아이의 발언을 '이해한다'는 것의 의미

또 하나 이 수업자의 발언에서 배워야 할 것이 있다. '아이의 발언을 이해한다라는 것은 대체 어떤 것일까'라는 문제이다. 일반적으로 이 수업자가 하고 있는 바와 같이 이해한다는 것은 한 사람 한 사람의 발언 내용의 의미를 정확하고 적확하게 인식하는 일이다. 그렇다고 한다면 그야말로 이 수업자는 열심히 고개를 끄덕이면서 아이의 발언에 귀를 기울이고 그 의미의 본질을 요약하여 칠판에 기록하고 있었던 것이다. 하지만 그 수업자는 듣는 방식에 있어서는 아이의 발언을 들었다라고 할 수 없음을 발견했다고 말했다. 그렇다 듣는 방식에서는 들었다라는 것이 성립되지 않는다. 그렇기 때문에 아이의 발언은 하나하나 낱낱이 되어 연결되어 있지 않으며 발언하는 아이가 점점 제한되어 가는 현상이 일어나고 있다. 이 문제를 어떻게 생각하면 좋을까? 원래 이 수업자는 왜 지금까지의 듣는 방식에서는 들었다고 할 수 없다고 말하고 있는 것일까?

여기에는 아이의 발언을 '이해한다'라고 할 때 두 가지의 이해방식을 둘러싼 문제가 숨겨져 있다. 하나는 '의미를 이해한다'라는 영어에서 말하는 '언더스탠딩understanding'으로서의 이해방식이다. 이것이 많은 교사가 의식하고 있는 이해방식이며, 수업자가 비디오기록 속에서 수행하고 있던 이해방식이었다. 그러나 우리가 사람의 발화를 이해한다라고 할 때의 이해방식은 내용의 의미에 대한 이해에만 머무는 것이 아니다. 사람과 사람과의 커뮤니케이션은 컴퓨터의 정보전달과는 그 이치가 다른 것이다. 발화에 담겨 있는 말이 되지 않는 화자의 생각이나 그 말의 의미의 애매함과 깊이라는 것을 이해하는 일 없이는 말이 닿았다는 느낌을 갖기는 어려울 것이다. "당신이 말하고 있는 것이 이런 것이죠?"라는 반응의 답을 듣고 말이 통했다고 생각하는 사람이 있을까?

후자의 이해방식은 발화 가운데 담겨있는 복잡한 생각을 '음미한다'는 이해방식으로 영어의 '어프리시에이션appreciation, 鑑賞'으로 표기되는 이해방식이다. 이렇게 생각해 보면 아이의 발언에 대해서 음미하는 입장에서 듣는 것의 중요성이 부각되게 된다. 아이가 발언하는 내용의 의미가 아니라 그 발언에 담겨 있는 기분이나 이미지로 마음이 통하는 듣는 방식이다. '대단하다'는 느낌, '과연'이라는 공감, '재미있다'는 느낌, 이러한 정동적인 묘미를 불러일으키는 이해방식이 아이의 발언을 듣는 일에서 보다 중요한 의의가 될 것이다. '다음은 어떻게 될까'라는 관념에 구속되면 묘미로서의 이해방식이나 듣는 방식은 생길 수가 없다.

배움을 중심으로 한 수업
교류에 정성을 기울이자

수업관의 혼란 배움을 중심으로 한 수업 만들기가 한창이다. 문부과학성이나 중앙교육심의회의 보고서에도 '배움'이라는 용어가 사용되고 어느 학교의 연구회에 참가하더라도 '스스로 주체적으로 배우는 어린이'라든가 '자기 교육력의 육성'이라는 말로 새로운 수업의 이미지가 이야기되고 있다. 배움을 중심으로 한 수업개혁은 확실히 환영할 만한 일이다. 일본의 학교 수업이 모든 것을 망라한 지식을 효율적으로 전달하는 일제수업 양식으로부터 탈출하지 못하고 아이나 학생을 수동적인 존재로 만들고 있는 현상을 생각한다면, 최근의 '배움'의 붐은 일어나야 할 시기에 일어난 현상이라고 보아도 좋을 것이다.

그런데 배움이라는 말을 보급시킨 장본인은 바로 저자이다. 거의 10년 전 동료인 사에키 유타카 교수와 함께 학습이라는 말에는 '러닝learning'이라는 동명사의 활동적인 이미지가 나타나지 않음을 확인하고 '배움'이라는 활동이 있는 말로 표현하기로 한 것이 최초의 계기이다. 이 착상은 역시 동료 후지타 히데노리 교수 등과 함께 편집한 시리즈 『배움과 문화』(전 6집 도쿄대학출판회)로 완성되었으며, 그 이후 배움이라는 말은 일반 신문이나 잡지 등에도 보급되어 지금에 와서는 학습보다도 친숙한 말로서 널리 사용하게 되었다.

그런데 학교교육에서 배움의 붐은 다소 표층적으로 흐르고 있는 것이 아닐까? 가장 위화감을 느끼게 하는 것이 최근의 '자기 교육력'이라는 말의 범람이다. 배움을 중심으로 한 수업이 교사 중심의 수업으로부터의 탈피를 촉구한다고 하더라도 아이 개개인이 각기 자주적으로 배우는 수업으로 이행해 버리게 되면 대체 무엇을 위한 수업개혁인지 그 이유를 모를 일이다. 근대학교를 옛 서당식으로 돌리는 것이 어떤 의미도 없다는 것은 분명한 일이다. 배움을 중심으로 한 수업 만들기란 '자학자습'을 추구하는 것도 아니며 교실을 낱낱의 개인으로 해체하는 일도 아니다.

실제로 아이의 배움을 중심으로 한 수업에서는 교사의 활동이 소극적이 된다고 생각하는 교사가 많다. 실제는 그 반대로 배움을 중심으로 한 수업에서 교사는 일제수업 이상으로 적극적으로 아이 한 명 한 명과 복잡하게 관계해야만 한다. 일제수업에서 교사는 아이 전원을 이야기에 집중시키거나 열심히 생각하도록 교실의 질서를 유지하거나 아이의 활동을 한 방향으로 통제하는 일에 주력한다. 하지만 배움을 중심으로 한 수업에서 교사는 아이 한 명 한 명을 주의 깊게 관찰해 가면서 구체적인 작업을 제기하여 배움의 전개를 촉발하고 다양한 발견과 의견이 교류하도록 조직하고 배움의 활동이 풍부하고 깊은 경험이 되도록 다양한 활동을 하도록 행하는 것이다. 즉, '만남'과 '관계'를 만들어 내는 활동이 교사 일의 중심축을 구성한다. 그러나 대부분의 교실에서는 교사의 통찰이나 관찰의 시선이 충분하다고 말할 수 없으며 아이들의 배움에서의 막힘을 원조하거나 아이들 간의 커뮤니케이션을 촉진하거나 아이의 발견을 표현하게 하여 사고를 신장시키는 교사의 활동은 대충대충 하는 식으로밖에 전개되고 있지 않다는 것이 현재의 상황이다. 바로 여기에 배움을 중심으로 하는 수업에 대한 교사들의 이미지에 혼란이 있다.

사귀면서 배운다 '주체적 학습'이나 '자기교육력'이라는 말로 표시되는 배움의 붐의 잘못은 단적으로 말하면 근대학교의 일제수업을 옛날 서당식의 자학자습으로 후퇴시키려는 시대착오에 있다. 한심한 일이지만 일본의 교사에게는 사람과 사람이 사귀면서 성장하는 이미지나 교사의 지도 하에서 친구와 서로 교류하면서 배움을 발전시키는 수업의 이미지가 성숙되어 있지 않다. 따라서 일제수업이라는 형식을 깨뜨리는 순간에 각자가 낱낱으로 흩어져 학습하는 옛 서당식의 '자학자습'으로 퇴행해 버리고 '자학자습'의 형태나 '자기교육력' 육성을 이상화해 버리는 것이다. 스스로 배우는 힘도 물론 중요하지만, 앞으로의 사회에서 보다 더 중요한 것은 이질적인 타자로부터 배우는 힘이다.

우선, 배움이라는 의미부터 정확하게 해 두자. '자학자습'이나 '자기교육력'을 이상화하는 경향의 잘못은 배움이라는 활동이 개인주의적으로 인식되어 있다는 점에 있다. 미안하지만 전통적인 학습심리학도 개인을 단위로 하여 배움을 연구해 왔다. 교사들의 배움에 대한 이미지가 개인주의에 구속되어 있는 것은 어쩌면 당연한 것인지도 모른다. 그러나 학교에서의 배움은 한 사람 한 사람의 고립된 활동도 아니지만, 교사의 개입 없이 이루어지는 활동도 아니다. 교사의 개입 밑에서 아이들이 자립하고 협동하여 수행하는 활동이 학교에서의 배움의 본질이다.

배움의 의미를 정확하게 하는 데 있어서 '學'이라는 글자의 성립은 상징적이다. 저자 자신에게는 이름 자이면서도 이 문자의 상징적인 의미에 대해서는 무지했다. 조사해 보니 이 글자에는 배움이란 무엇인가를 생각하게 하는 중요한 힌트가 담겨 있다. 우선 '學'이라는 문자의 상부 중심에 있는 두 개의 ×표는 '교류爻'를 의미하는 것이다. 위의 ×는 선조의 영혼, 즉 문화유산과의 교류를 나타내며, 아래의 ×는 아이들이 교류하고 있는 모양을 나타낸다. 그리고 이 교류를 양쪽으로 감싸고 있는 것은 어른의 '손手'의 형상이다. 아이들의 교류에 대해서 어른들이 정성을 다해 두 손을 내밀고 있는 모양, 또는 정성을 다하는 어른의 양손을 버팀목으로 아이들이 교류하면서 성장하는 모양이 '學'이라는 글자의 상부의 모습을 만들고 있다. 그리고 이 관계를 아이가 중심이 되어 지탱하고 있는 것이 '學'이라는 글자인 것이다.

배움을 중심으로 하는 수업의 이미지는 이 '學'이라는 글자에 단적으로 표현되어 있다고 해도 좋을 것이다. 아이들이 교류하면서 서로 성장하는 관계를 교실에 구축하는 일, 그리고 그 교류를 교사가 촉발하고 원조하는 수업을 전개하는 일이다. 하지만 '學'이라는 글자에서 볼 수 있는 교육적 관계는 학교에서도 학교 밖에서도 위기를 맞고 있다. 아이들은 타자에 무관심하며 교류하면서 서로 성장하는 관계는 희박해지고 있으며 어른들의 아이들에 대한 관계도 교육열심이지만 일방적이며 아이들의 교류에 정성을 기울이고 손을 내미는 관계가 되어 있지 않다. 즉, 현재의 약자인 '学'이라는 글자의 상부가 나타내고 있는 것처럼 어른도 아이도 제 각각 서로 다른 방향을 향하고 있어서 교류하면서 서로 성장하는 관계가 무너지고 있는 것이다.

배움을 수업의 중심에 놓는 일   배움을 중심으로 하는 수업은 아이들 한 명 한 명이 관계를 엮어가며 서로 탐구하고 교류하면서 서로 배우는 관계를 교실에 구축하는 일에서부터 출발해야 할 것이다. 저자는 이것을 '활동적이고 협동적이고 반성적인 배움'이라고 부르는데, 이는 사물이나 교재와 대화하고 친구나 교사와 대화하고 자기 자신과 대화하는 배움을 수업의 중심에 놓는 일이다. 구체적으로는 작업이 있는 배움, 집단 활동이 있는 배움 그리고 자신의 이해방식을 작품으로 표현하고 친구와 공유하고 서로 음미하는 활동이 있는 배움을 지도하고 조직하는 일이다. 個에서 출발하여 친구와의 협동을 거쳐 다시 個로 돌아오는 배움이라고 말해도 좋을 것이다.

그러나 이러한 배움을 교실에서 조직하는 일은 용이하지 않다. 사물이나 사항에 대한 무관심, 타자에 무관심이라는 아이들이 안고 있는 보다 큰 문제에 직면할 수밖에 없기 때문이다. 물론 사물이나 사항, 타자에의 무관심이 아이들만의 문제는 아니다. 현대인의 심각한 병리라고 해도 좋을 것이다. 무엇이 있든 무슨 일이 일어나든 누가 어떤 상황에 있든 '나와는 관계없다'라는 무서운 허무주의가 현대사회를 뒤덮고 있다. 교사도 예외는 아니다. 이 무관심이라는 허무와 싸우지 않고는 배움을 수행하는 일도 배움을 이상화하는 일도 불가능하다.

교실이라는 장소에서 사물이나 사항이나 타자에 대한 무관심과 싸우는 실천이 배움을 중심으로 하는 수업의 중심적인 과제가 될 것이다. 이 세계에는 배울만한 가치 있는 것이 무수히 존재하고 있으며, 친구와 함께 배우는 일은 헤아릴 수 없이 행복한 일이며, 그 배움을 통해서 자신의 인생을 바꾸는 일이 가능하게 되며, 나아가 내가 살아가는 세상도 바꿀 수 있다는 것을 교사 자신도 아이들의 배움을 촉발하고 원조하고 촉진하면서 확인해 가는 일이 요구된다.

가까운 교실에서 일어나고 있는 일을 다시 한 번 상세하게 관찰해 보자. 교류하면서 성장하는 관계를 교실에 구축하는 계기는 일상적으로 일어나는 일들 속에 무수히 존재하고 있다. 한 사람 한 사람의 이해방식이나 느낌의 작은 차이에 세심하게 주의를 기울여 가는 일에서부터 풍요로운 결실의 커뮤니케이션의 첫걸음이 시작된다.

요즘 아이들은 교실에서도 주위의 몇 명 내에서만 커뮤니케이션을 시도하고 그들의 신체는 자신을 중심으로 불과 1미터 범위 안에서 살고 있는 것처럼 보인다. 그러한 아이를 교실의 한쪽 구석에서 나오는 말에 귀를 기울이게 하고 먼 친구와 커뮤니케이션을 하게 만들기까지는 정신이 아찔해질 만큼의 도전이 반복되지 않으면 안 될 것이다. 그러나 우선은 주변의 가까운 친구의 생각에 흥미를 느끼는 것만이라도 좋다. 교사의 말에 촉발되어 조금씩 먼 친구의 목소리에 귀를 기울이게 되는 것만이라도 좋다. 교실에서 교류하며 서로 성장하는 관계를 구축하려고 한다면, 그러한 작은 시도에서부터 시작할 수밖에 없다.

개個와 개個의 조정
오케스트레이션으로서의 수업

테일러링과 오케스트레이팅   아이들의 배움을 수업의 중심에 설정하고 아이들에 대한 대응을 축으로 수업을 조직하고자 할 때 교사의 활동은 어떻게 수행되어야 할까? 여기에서 교사의 활동은 크게 나누어 두 가지로 집약하여 표현할 수 있다. 하나는 아이들 개개인에 대응하는 활동이며, 또 하나는 다양한 아이들의 생각이나 이미지를 서로 교류시키는 활동이다.

미국의 교사들은 이 두 가지 활동을 표현하는 적확한 말을 가지고 있다. 전자의 개인에 대응하는 활동을 그들은 '테일러링tailoring'이라고 부른다. 테일러링은 옷을 재단하는 일이다. 즉, 한 사람 한 사람의 체격에 맞게 옷을 재단하듯이 아이 한 명 한 명의 개성에 대응하여 수업을 창조하려고 하는 것이다. 한편 후자의 다양한 생각이나 이미지를 서로 교류시키는 활동을 그들은 '오케스트레이팅 orchestrating'이라고 한다. 문자 그대로 다른 악기의 다른 음을 교류시켜 심포니를 만들어내듯이 교실에서도 다양한 의견이나 이미지를 교류시켜 하나의 심포니를 만들어 나가듯이 수업을 전개하려고 하는 것이다.

아이들의 배움을 중심으로 한 수업을 관찰하면 교사의 활동이 이 두 가지 활동, 즉 개個에의 대응으로서의 '테일러링'과 개個와 개個를 교류시키는 '오케스트레이팅'으로 수렴되고 있다는 것을 알 수 있을 것이다. 듀이J. Dewey도 어딘가에서 지적하고 있지만, 아이들의 배움을 중심으로 하는 수업에서 교사의 활동은 결코 어려운 일이 아니다. 현재의 일제수업 쪽이 훨씬 더 복잡한 기술을 교사에게 요구한다. 하지만 아이들의 배움을 중심으로 한 수업을 오늘날과 같이 학교의 제도적인 제약 하에서 실현하고자 하기 때문에 교사에게 복잡하고 난해한 기량이 요구되는 것이다. 그러나 본래 교사활동의 기본은 그렇게 복잡한 것이 아니다. '테일러링'과 '오케스트레이팅'의 두 가지 활동을 축으로 하여 아이들의 배움을 촉발하고 조직하고 발전시키면 되는 것이다.

우선, '테일러링'부터 살펴보자. 아이들의 배움이 끊임없이 개個에서 출발하여 개個로 회귀하도록 교사의 활동도 아이들의 개個에의 대응으로부터 출발하여 개個에로의 대응에 회귀해야 할 것이다. 이 일이 좀처럼 의식되기 어려운 것은 오늘날의 수업형태가 일제수업을 기본으로 하고 있으며 아이들이 집단으로 교사에게 의식되어 있기 때문이다. 그러나 아무리 곤란하다고 하더라도 수업은 한 사람 한 사람에 대한 대응을 기본 축으로 하여 고쳐가야 할 것이다.

테일러링이 가장 명료하게 의식되는 것은 아이들이 작업을 하고 있는 장면이다. 흔히 '책상 사이 순시'라는 말을 사용하지만, 무슨 오만한 말인가? 교실은 노동자를 관리하는 공장의 직제가 아니다. '책상 사이 순시'라는 말 그 자체를 다른 말로 바꾸지 않으면 안 된다. 그리고 아이들이 작업을 하는 동안 오직 아이 한 명 한 명의 아이디어를 메모하여 다음의 전개를 준비하고 있는 교사도 많다. 확실히 한 명 한 명의 작업을 보고 다양한 생각을 메모해 두는 일은 중요할 것이다. 그리고 '책상 사이 순시'보다는 낫다고 말할 수 있겠지만, 이 작업 동안이야말로 교사는 '테일러링'에 집중하기 바란다. 어떤 교실에도 도움을 필요로 하는 아이가 있다. 그 아이에 대한 일대일의 테일러링은 따라갈 수 없는 아이에 대한 구체적인 도움이 될 뿐만 아니라 교사 자신이 수업의 전개 가능성을 다른 시점에서 발견할 수 있는 절호의 기회가 된다.

교사는 학급 속에서 다양한 의견을 교류시키는 오케스트레이팅 활동 가운데에서도 테일러링의 의식을 계속 지닐 필요가 있다. 집단적인 사고나 탐구가 행해지고 있을 때에도 그것을 통해서 한 사람 한 사람의 배움이 어떻게 다른 아이들과 서로 교류하고 교재의 어떤 내용을 심화시키면서 발전하고 있는가를 끝까지 지켜보는 것이 수업의 중심문제이기 때문이다.

'이교통'의 이야기에 귀를 기울이자

'오케스트레이팅'이라는 개個와 개個의 교류에서는 커뮤니케이션을 얼마나 돈독하고 여유롭게 전개할 것인가가 열쇠가 된다. 이 문제에 대해서는 교토京都대학의 철학자이자 시인이기도 한 시노하라 씨가 『말의 교통론言の葉の交通論』이라는 책에서 제시하고 있는 '교통(커뮤니케이션)'의 네 가지 분류가 시사적이다. 시노하라 씨는 사람의 커뮤니케이션은 일방적인 이야기인 '단교통', 서로가 통하는 '쌍교통', 거절되고 차단되는 '반교통' 그리고 서로 엇갈리는 '이교통'의 네 가지로 분류할 수 있다고 한다.

이 네 가지 교통에 비추어 보면 지금까지 교사가 안고 온 커뮤니케이션은 '쌍교통'을 이상화한 나머지 다른 세 가지의 '교통'을 소홀히 해 왔던 것으로 생각된다. 쌍교통만을 추구하고 요구하는 것은 커뮤니케이션의 중층성을 얇게 벗겨내고 쌍교통조차도 가볍게 만들어 버리는 것은 아닐까? 사람과 사람 사이의 커뮤니케이션은 결코 예정된 조화로 수습되는 것이 아니다. 교실의 '오케스트레이팅'도 항상 조화로운 울림만 만들어내기보다 끊임없이 불협화음을 동반하면서 진행하는 것이 자연스러울 것이다. 네 가지 교통 각각이 살아날 필요가 있다.

 그 가운데에서도 중요한 것은 '이교통'의 이야기에 귀를 기울이는 일이다. 교단에서 수업을 진행하다 보면 아무래도 교사의 생각에 따라 아이들의 의견을 듣게 된다. 교사의 생각과 엇갈리는 이교통의 이야기는 교사 자신에게도 이해하기 어려운 발언이기 때문에 자칫하면 무시하기 쉽다. 교사가 일단 무시하거나 배제해 버리면 그 아이는 두 번 다시 발언하려고 하지 않게 된다. 누구라도 자존심 상하는 행위를 즐겨가며 계속하려고 하지 않기 때문이다. 그러나 수업의 전개에서 이교통의 이야기에 귀를 기울이는 것만큼 중요한 일은 없지 않을까?

 이교통의 이야기가 나오면 잊을 수 없는 수업 광경이 떠오른다. 몇 년 전에 히로시마 현의 소학교 3학년 교실에서 국어 수업을 참관하고 있을 때의 일이다. 교재는 '감탕나무'이다. 한밤중에 갑자기 곰 같은 소리를 내며 복통을 호소하는 할아버지에 놀라 눈을 뜬 즈다는 혼자서 밤에 화장실도 갈 수 없는 겁쟁이인데도 불구하고 의사를 데리러 가기 위해 오두막집을 뛰쳐나와 달린다. 교과서에 게재되어 있는 눈을 감고 산을 치달리는 즈다의 그림을 근거로 교사는 "어떤 기분으로 즈다는 달리고 있을까?"라는 발문으로 수업을 전개하였다. '베테랑 교사가 어쩌면 저런 질문을 할까?'라고 생각하면서 수업을 참관하고 있었는데, 교실의 한 구석에서 손장난만 하고 지금까지 수업에 참가하지 않고 있던 한 남자아이가 "머리가 아프다고 말하고 있다"라고 큰소리로 발언했다. 엉뚱한 발언에 주위의 아이들은 "아픈 것은 즈다가 아니라 할아버지다"라고 그리고 "할아버지는 머리가 아픈 것이 아니라 배가 아프다"라고 가르쳐 주지만, 그 남자아이는 "즈다는 머리가 아프다"고 말하며 양보하지 않는다.

교사도 이 이교통의 이야기에는 당황했지만 "어디에서 그렇게 생각했니?"라며 그 남자아이에게 물었다. '어디에서'라는 질문이 훌륭하다. 오케스트레이션을 조직하는 교사는 텍스트와 아이를 이어주거나 아이와 아이를 이어주는 질문을 전개한다. 이어주는 질문이라면 무엇인가를 교실에 만들어 낼 가능성이 있다. 교사의 질문에 대해서 그 남자아이는 "교과서에 쓰여져 있어요. '온몸으로 뛰어 나와 갔습니다'라고 쓰여져 있어요"라고 대답한다.

순간, 교실에는 침묵이 덮치지만 곧바로 '굉장하다'라는 환성과 웃음소리로 둘러싸인다. 남자아이가 그린 정경이 다른 아이들 속에 생생하게 번져갔던 것이다. 깜깜한 밤이다. 게다가 즈다와 할아버지는 가난한 생활이기 때문에 작은 오두막에 살고 있다. 갑작스러운 할아버지의 고통스러운 목소리, 벌떡 일어난 즈다는 빨리 의사선생님을 불러야 한다는 맘에 잠에 취한 멍한 눈으로 문 쪽으로 달려갔음이 틀림없다. 온몸으로 뛰어 나가 머리부터 문에 부딪혔다는 것이 이 남자아이가 그려낸 정경이었다. 한동안 환성과 웃음소리가 계속된 후 교사는 이 남자아이가 지적한 '온몸으로 뛰어 나와 갔습니다'라는 텍스트의 말에 다시 한 번 주의를 환기하며 그 모습을 서로 이야기하는 매력적인 수업으로 발전시켜 나갔다.

여기에서 바로 이교통의 이야기에 귀를 기울임으로써 교실 커뮤니케이션이 돈독하고 여유롭게 전개되는 하나의 전형을 볼 수 있다. 어떤 아이의 발언과 행동에도 그 아이 나름대로 이치의 세계가 있다. 수업에서 충분히 이야기한 후에도 이 남자아이는 "그래도 '머리가 아프다'고 말하고 있다"면서 붕대로 감은 오른손을 이마 위에 올려가며 자기의 주장을 되풀이하고 있다. 물어보니 전날에 나무 가시에 찔려 상처를 입었다고 한다. 그 체험으로부터 즈다도 급히 손으로 문을 열면 상처를 입게 된다고 말하고 싶은 것이다. 그것으로 좋은 것이다. 이교통의 이야기 속에 그 아이 자신의 이치의 세계를 탐색하는 것을 과제로 삼으면 교실의 커뮤니케이션은 두텁고 넉넉하게 전개된다. 반대로 교사가 이교통의 이야기에 대해서 둔감하면 교사의 생각대로 수업은 진행될지 모르지만, 커뮤니케이션은 표면적이고 얄팍한 의미 없는 것이 되고 말 것이다.

교사에게 있어서 한 사람 한 사람의 생각이나 이미지를 조화시켜 가는 오케스트레이션이야말로 수업의 묘미이다. 오케스트레이션을 통해서 각자가 얼마나 서로 풍요로운 배움을 전개할 수 있는가는 거기에 서 있는 교사가 한 사람 한 사람의 미묘한 차이를 존중하고 그 차이 속에서 서로 배우는 가능성을 통찰할 수 있는가의 여부에 달려 있다.

서로 배우는 교실의 창조
숨결을 호응시키는 일

숨결 아이들과 숨결을 호응시키는 일은 서로 배우는 일을 조직하는 교사의 기초 요건이 된다. 그러나 숨결을 맞추는 일은 대인관계에서 말 이상으로 근본적인 것이지만 숨결을 서로 느끼고 아이와 커뮤니케이션을 조직할 수 있는 교사는 의외로 적다. 여기에서는 한 교사의 이야기를 통해 서로 배우는 교실의 역동성에 대해서 생각해 보려 한다.

저자가 만난 교사 가운데 절묘한 숨결로 아이들과 서로 호응하는 교사의 한 사람이 여기에서 소개하려는 하라다 씨이다. 그녀는 시즈오카 현의 소학교에서 5년간 정교사로 근무한 후 남편이 도쿄로 전근되는 바람에 퇴직하였다. 그 후 출산, 육아를 거쳐 현재는

12년째 임시 교사로 복직하여 매년, 산휴·육아 휴직으로 떠나는 교사의 대역을 맡아 임시 강사로 일하고 있다. 산휴·육아 휴직 교사의 대역으로 들어가기 때문에 보통 일 년 이내에 학교를 여기 저기 옮기게 된다. 그런데 웬일인지 항상 3학년 담당이다. 최근 3학년은 어려운 학년이 되고 있으나 소학교 상식에서는 가장 다루기 쉬운 학년으로 생각되어 왔다. 따라서 출산 전의 교사가 담당하는 일이 많다 보니 하라다 씨 또한 3년생을 담임하는 경험이 많게 된다.

산휴와 육아 휴직 교사의 빈자리를 메우는 임시 강사는 복잡한 위치에 서게 된다. 보통 교사와 마찬가지로 아이의 활력을 이끌어 내어 수업에 전념하지만, 원래의 담임보다 다소 조심스럽고 소극적으로 행동할 것이 암묵적으로 요구된다. 어디까지나 대역이기 때문에 조심하여 소극적으로 행동하지 않으면, 원래의 담임과 교장과 동료로부터 미움을 받게 되기 때문이다. 교장에게 미움을 받으면 큰일이다. 임시 강사 채용은 교장에게 맡겨져 있기 때문에 다음해에는 실업상태가 될 위험이 늘 따라다니고 있다. 이 정도 배려하여도 하라다 씨가 같은 학교에서 2년 연이어 채용된 일은 없다. 아이들과 학부모도 하라다 씨를 대환영하지만, 동학년에서 같이 행동해야 한다고 하는 소학교 교사의 상식의 틀을 벗어나 버린 하라다 씨라는 존재는 동료 교사들과 교장으로서는 싫은 생각이 들기 쉽기 때문이다.

오해가 없도록 보충하자면 하라다 씨가 '같은 행동'을 거절하여 동료와 충돌한 것은 아니다. 아이들과 숨결을 함께하다 보면 학년 동료들이 암암리에 정해 놓은 '같은 행동'의 틀을 벗어나 버리게 되는 것이다. 교실이 다르고 아이가 다르고 교사가 다르면, 당연히 거기에서 생기는 배움의 넓이나 발전의 방향도 다르게 된다. '튀는 행동'은 어쩌면 당연한 일이지만, 임시 강사의 입장은 약하고 소학교 교사의 상식의 틀은 단단하다. 하라다 씨는 아이들과 학부모의 움직임과 동학년 교사들의 상식 사이에 서서 고민하며 고투하고 있는 것이다.

'같은 행동'을 요구하는 동료와 그 틀로부터 벗어나려는 아이들과 학부모들 사이에서 고민하면서 하라다 씨는 최종적으로 아이들과 숨결을 함께하는 방향을 선택한다. 내년에 가령 실업상태가 된다 하더라도 어쩔 수 없다는 결단이다. 원래 서로 배우는 교실은 차이를 서로 소중하게 하는 교실에서만이 만들어지는 것이 아닐까라고.

'민들레' 학습으로부터 2년 전의 일이다. 4월 하라다 씨가 담임하는 3학년 교실에 한 포기의 민들레가 반입되었다. 학교 오는 길에 한 아이가 길가에서 발견하였다고 한다. 콘크리트로 굳어진 길 한쪽 구석 약간의 흙 속에 뿌리를 내려 꽃을 피운 민들레이다. "어디에서 발견했니?"라며 교실은 온통 민들레 화제로 자자하다. 그 가운데 아버지가 식물학을 연구한다는 한 남자아이가 민들레에 대해서 조사한 결과를 발표하였다. 가지고 들어온 민들레가 서양 민들레라는 것을 안 아이들은 일본 민들레를 찾아보기로 한다. 하지만 통학 길과 방과 후에 지역을 탐색하여 민들레를 찾아오지만 전부 서양 민들레뿐이다. 그러는 동안 지금까지 작문을 쓰지 않았던 아이들까지도 민들레를 주제로 하여 시를 쓰거나 작문을 한다. 지금까지 학교에는 무관심했던 어머니들도 일요일에 하이킹을 가거나 여행할 때마다 일본 민들레를 찾아 교실에 가져다준다. 어머니들 가운데에는 서양 민들레와 일본 민들레 외에도 종류가 7가지 더 있음을 도서관에서 조사하여 그 채집에 협력해 주는 사람도 나타나게 되었다.

　이렇게 되자 하라다 씨는 동료들이 요구하는 '같은 행동'에 동조할 수 없게 되었다. 마침내 "우유 팩을 가지고 오세요. 우유 팩을 화분으로 하여 솜털이 붙은 민들레 씨를 심어봅시다"라며 아이들을 향해 이야기를 건네고 하라다 씨 자신에게도 첫 체험인 '민들레

학습'이 아이들과 함께 개시되었다. 동학년 교사들의 눈에 띄지 않도록 학교 건물 끝의 미술실 뒤편 처마 밑에 30여 개의 우유 팩을 늘어놓았다. 그 하나하나에서 얼마 되지 않아 작은 쌍떡잎이 돋고 이어서 아기 민들레가 성장하기 시작했다. 설마 한 알 한 알의 솜털 같은 씨앗에서 한 그루 한 그루의 민들레가 성장하리라고는 아이들도 하라다 씨도 생각하지 못했다. 이렇게 끈질긴 생명력을 지니고 있기 때문에 도시의 콘크리트 사이에서도 늠름하게 자라나 꽃을 피우는 것이로구나. 이 감동을 아이들은 시나 작문으로 표현하면서 민들레 스케치와 관찰기록이 탄생하게 되었다.

이렇게 열심이었던 민들레 학습이지만, 여름 방학에 들어가자 아이들도 하라다 씨조차도 미술실 뒤편에 있는 우유 팩의 민들레는 깨끗이 잊고 있었다. 9월 1일 개학 날 하라다 씨가 "1학기에는 민들레 덕택에 즐거운 학습을 했습니다"라고 이야기하는 순간, 하라다 씨 자신이 "앗, 잊고 있었다"고 외치자 교실 속은 소리 하나 없이 조용해졌다. 여름방학 동안 누구도 물을 주러 오지 않았기 때문이다. 게다가 우유 팩이 늘어서 있는 장소는 처마 밑이다. 무더운 여름 나날들을 이겨낼 리가 없다. 조용해진 교실에서 갑자기 한 남자아이가 두려워하면서 "내가 보고 올게"라며 나갔다. 잠시 후 골마루를 달려오는 소리가 들린다. "민들레가 전부 살아있다!"라는 소리가 울려 펴진다. 모두 함께 가 보니, 잎은 말라 시들었어도 어느 우유 팩 할 것 없이 녹색의 민들레가 확실히 살아 있었다. 그 강인한 생명력에 아이들은 감동하고 있다. 시험 삼아 우유 팩을 찢어보니 가장자리에서 가장자리로 든든하게 뿌리를 내리고 있었다.

즉시, 학교의 비어있는 화단을 찾아 옮겨심기를 시작했다. 화단에 옮겨 심을 때에 아이들은 부모들이 찾아온 일본 민들레와 신기한 종류의 민들레도 가져왔다. 민들레 학습은 가정에서도 지속되고 있었던 것이다. 하라다 씨의 임시 강사 임무는 그해 10월에 끝이 난다. 3학년 아이들은 화단의 민들레를 키워가면서 하라다 씨를 떠올릴 것이다. 하지만 이 화단의 민들레는 꽃을 피우기도 전에 교장 선생님에 의해 뽑혀져 버리고 말았다고 한다. 이 민들레는 잡초가 아니라 아이들과 학부모와 하라다 씨가 나눈 숨결의 결정이 아닌가.

수업이 바뀌면
학교가 바뀐다

PART 2
수업이 바뀐다
학교가 바뀐다

교내연수에서는 수업의 구체적인 사례를 비디오기록을 보면서 참가자 전원이 서로 검토한다. 사례연구의 목적은 수업의 좋고 나쁨을 평가하는 것에 있는 것이 아니다. 수업의 '즐거움'과 '어려움'을 서로 공유하는 데 있다. 수업 중에 일어나는 일은 매우 복잡하다. 얼핏 보기에 단순하게 보이는 사항 속에 숨겨져 있는 복잡성을 읽어내지 못하면 안 된다. 서로 이야기하는 데 있어서 가장 중요한 것은 추상적인 말을 배제하고 관찰한 사례에 입각하여 소박한 인상과 구체적인 사실만을 서로 이야기하는 것이다. 참가자 한 사람 한 사람이 소박하게 느낀 것을 교류할 수 있게 되면 놀랄 만큼 많은 사항을 배우게 될 것이다.

학교를 안에서부터 바꾸기

20년을 뒤돌아보며 학교를 방문하여 교실을 참관하는 활동을 시작한 지 20년이 넘었다. 매주 두세 곳의 학교를 방문하여 약 10개의 교실을 참관해 왔으니 1천 개가 넘는 학교를 방문하고 7천이 넘는 교실을 참관해 온 셈이다. 그것과 병행하여 10년에 걸쳐 미국의 약 200여 개의 학교에서 1천 개에 가까운 교실도 관찰해 왔다. 돌이켜 보면 어떤 학교도 같은 학교가 없었으며, 어떤 교실도 같은 교실이 없었다. 어떤 학교가 안고 있는 문제도 어느 교실이 안고 있는 문제도 각양각색으로 다양하며 어느 하나 동일한 문제로 논의하는 것은 불가능하다. 그리고 좋은 학교로서 같은 학교는 하나도 없었으며, 좋은 교사로서 같은 모습의 교사 또한 한 사람도 없었다.

저자의 필드워크는 K. 레빈K. Lewin이 1930년에 개시했다고 하는 액션리서치action research의 방법을 취하고 있다. 통상적으로 필드워크에서는 연구자에게 대상이 되는 사람들이 안고 있는 문제와 실천에 관여하는 것을 금하고 있으며 철저하게 객관적으로 관찰하기를 요구하고 있다. 그러나 액션리서치에서는 연구자 자신이 조사 대상이 되고 있는 사람과 연대하여 문제 해결에 관여하고 협동으로 실천을 창조하고 그 해결과정을 탐구하는 방법을 취하게 된다. 액션리서치에 있어서는 연구자도 실천자인 것이다.

그러나 액션리서치에서 어떻게 실천자와 연대를 구축할 것인가는 곤란한 과제이다. 솔직히 말해서 나도 처음 5년간은 몇 번이고 그만두려고 망설였던 적이 많았다. 학교를 방문하여 여러 가지 고민을 안고 있는 교사들이 조언을 요구하여도 유효한 조언을 제공할 수 없는 나 자신의 무력함과 어떤 발언을 하더라도 외부자인 관계로 책임을 질 수 없는 데 대한 고민을 견딜 수 없었던 것이다. 언제나 학교를 방문할 때에는 설렘으로 마음이 두근두근하지만 연구회가 끝나고 귀가하는 차 속에서는 자책감과 자기 혐오으로 견딜 수 없었다.

그럼에도 불구하고 20년이 넘게 액션리서치를 계속해 온 것은 무엇보다 학교를 방문하고 교실을 참관하여 배우는 일이 많았기 때문이다. 책으로부터 배우는 일도 물론 중요하지만, 교육연구자와 실천자는 그 이상으로 교육의 사실이나 현실로부터 배우는 일이 중요하다. 교실의 현실을 책을 읽는 것처럼 이해하여 읽어내지 않으면 안 된다. 사실 지금까지 학교나 교실을 방문하여 단 한 번도 실망한 적은 없었다.

변혁의 방략   학교가 저자에게 의뢰해 오는 대부분은 강연이다. 최근에는 하루 몇 건씩이나 강연을 의뢰하는 전화가 걸려온다. 그러나 강연에 의해 학교가 바뀐 예는 없으며 강연에 의해 수업이 바뀐 예도 없다. 그럼에도 불구하고 강연 의뢰가 많은 까닭은 무엇일까? 아마도 강연이라는 형식은 값싼 연수방법이기 때문이 아닐까? 교사연수에는 이런 강연이나 토론과 같이 '한 건 했다'는 식의 연구회가 너무 많다. 대학의 연구자들에게도 문제가 많다. 대학의 연구자들 가운데에는 강연이라는 일방적인 관계방식으로 밖에는 학교나 교사와 관계를 맺지 못하는 사람들이 많다. 교육연구자라고 한다면 적어도 자신이 스스로 수업자로서 교단에 서는 경험을 쌓아야 한다고 생각한다. 하지만 유감스럽게도 일본의 교육연구자의 대다수가 책상의 이론을 교실에 가지고 들어가 교사들의 일을 일방적으로 재단하는 일로 스스로 보람을 느끼고 있다. 교사도 연구자도 스스로의 일에 무책임하며 교육 실천에 대해서 관념적인 것이다.

그래서 저자는 강연은 원칙적으로 거절하기로 하고 있다. 학교의 사정에 따라서 예외적으로 받아들이는 일도 있으나 역시 허무감만 남고 결과는 바람직하지 않다. 학교는 강연으로는 바뀔 생각도 하지 않는 곳이다. 학교를 바꾸기 위해서는 교사들이 교실을 서로 열고 수업을 서로 비평하는 연수를 축적해 가는 수밖에 달리 길이 없다.

그렇게 말하면 많은 교사가 자신의 학교에서도 교내연수를 축적해 왔지만 학교는 하나도 변하지 않았다고 대답한다. 그럴 것이다. 대부분의 학교에 교내연수가 정착되어 있다. 그러나 연간 세 차례 정도의 교내연수로 학교가 바뀐 선례는 없다. 다시 말하면 많은 학교가 연구지정학교가 되어 연수를 실시하고 연구발표회를 하고 있다. 지정받은 연구도 하나의 계기가 되기는 하지만, 아무리 연구지정학교로 2년 내지 3년 연수를 지속한다고 하더라도 그것에 의해 학교가 바뀐 예도 찾아보기 힘들다.

저자의 경우는 학교가 바뀌기 위해서는 3년이 필요하다고 생각한다. 1년째는 학교 내의 모든 교사가 수업을 공개하는 교내연수

체제를 구축하는 데 보낸다. 2년째는 연구회의 내용을 높이는 일과 학교 내부의 조직이나 기구를 수업 만들기와 연수를 중심으로 재조직하는 일로 보낸다. 그리고 3년째가 되면 아이도 교사도 눈으로 변화를 나타내며 수업 만들기와 교육과정 만들기를 본격화하게 된다. 3년의 연수를 거쳐 학교다운 학교가 되는 것이다.

이 3년간에 걸친 학교개혁의 방략은 저자의 지금까지의 경험으로부터 도출된 하나의 결론이다. 지나치게 서두르는 개혁은 아이들에게 있어서나 교사에게 있어서나 결코 좋은 결과를 가져오지 못한다. 학교는 완고한 조직이다. 1년이나 2년으로 변혁할 수 있는 대용품이 아니다. 물론 3년이 걸려도 성공하지 못하는 경우도 있을 수 있다. 최대의 난관은 교장이다. 교장이 학교를 바꾸는 일에 대해서 소극적인 경우에는 3년이 걸렸다 하더라도 변혁의 노력이 쓸모없이 끝나는 일도 적지 않다. 그 경우는 다음 교장에게 희망을 걸고 4년, 5년으로 1년째의 단계를 지속하면서 호기를 기다려야 한다. 반대로, 좋은 교장을 만나게 되면 이 3년 계획은 거의 모든 학교에서 유효하다 하겠다.

교실을 여는 일   학교를 바꾸는 첫걸음은 교내의 모든 교사가 1년에 한 차례 동료에게 자신의 수업을 공개하는 체제를 구축하는 일에서 시작된다. 어떤 개혁도 학교 내부에 수업을 공개하지 않는 교사가 한 사람이라도 있다면 성공시키기 곤란하다. 교사들이 교실을 서로 열고 상호 간에 전문가로서 함께 성장하는 '동료성' 관계를 구축하는 일 없이 학교를 바꾸는 일은 불가능하다.

교실을 닫고 있는 교사는 공교육의 교사라 부를 수 없다. 자신의 교실을 사물화하고 아이들을 사물화하고 교사의 일을 사물화하고 있는 것에 지나지 않기 때문이다. 그러나 이 기본적인 사항이 대부분의 학교에서 실현되지 않고 있다. 수업을 공개하며 교내 연수를 실시하고 있는 학교가 많지만, 그러한 학교에도 몇 년 동안 수업을 공개한 적이 없는 교사가 다수 존재하고 있다. 대체로 젊은 교사가 수업자로 뽑히고 연배가 있는 교사는 오직 조언하는 입장에서 참가하는 것이 일반적이다. 대등한 입장에서 함께 수업을 창조하는 관계가 아닌 것이다.

교실을 서로 열지 않는 학교에서 교사 상호의 연대를 찾아보기란 어려우며 교육관이나 인생관의 차이에 따라 몇 개의 집단으로 분열되어 있을 뿐이다. 눈에 보이는 대립은 없지만 뒤에서 험담이 오가고 서로 상호불신감이 깔려있는 경우도 적지 않다. 서로의 일에 대해서 '입을 대지 않는다'라는 불문율로 지배되고 있으며, 그

결과 교사들은 각자 고립된 가운데 일을 수행하게 된다. 게다가 재미있는 이야기이지만, 이런 학교일수록 교무분장 일도 많고 회의 시간도 많아진다. 근본적인 연대가 구축되어 있지 않기 때문에 각자의 책임감은 희박해지며, 그만큼 분장이나 위원회의 일은 비대해 지는 것이다.

오늘날 학교를 고착시키고 질식시키고 있는 것은 문부성이나 교육위원회의 관료적인 통제라기보다는 오히려 학교 내부의 동료 간의 권력관계이다. 교실의 벽, 교과의 벽이 학교 내부에서 작동하고 있는 가장 강력한 권력인 것이다. 모든 교사가 교실을 열고 이 권력관계를 안에서부터 깨부수지 않으면, 학교개혁을 수행하는 일은 불가능하다.

따라서 저자는 학교개혁의 주제가 무엇이든지 간에 첫 1년 차에는 모든 교사가 수업을 공개하는 연수를 요구한다. 30명의 교사가 있는 학교는 연간 30회의 교내연수를 요구하는 것이다. 지금까지 연간 세 차례 정도밖에 교내연수를 실시하지 않았던 학교가 대부분이기 때문에 이 요청을 실현하는 일이 그렇게 쉽지 않을 것이다. 그러나 이러한 기초를 구축하는 일 없이는 어떠한 학교개혁도 실현될 수 없다. 그리고 연간 30회의 연수라는 과제도 실은 그렇게 어려운 요청은 아니다. 전 교직원이 함께하는 교내연수를 5회나 10회 정도로 늘리는 일은 가능할 것이며, 학년 단위 또는 교과 단위로 작은 연수의 기회를 여러 차례 마련하는 것도 가능하다. 더 나아가서는 자율연수로 비공식적인 연수 기회를 교내에 마련하는 일도 가능하다. 근무시간을 연장하지 않고도 교사 전원이 한 해에 적어도 한 차례 동료에게 수업을 공개하고 연수할 기회를 보장하는 일은 어떤 학교에서도 불가능한 일이 아니다.

교실을 서로 열기
개혁의 첫걸음

1년째의 과제 학교개혁은 배움의 개혁, 수업개혁, 교육과정개혁, 연수개혁, 경영개혁, 지역과의 연계 등 다양한 과제를 포함하고 있지만, 그 가운데에서 가장 중요하고 가장 중심적인 과제는 수업창조와 연수를 중심으로 교사가 서로 전문가로서 함께 성장하는 '동료성collegiality'을 형성하는 일이다.

 이 동료성이 구축되지 않는 한 어떤 학교의 개혁도 성공할 수 없다. 그리고 동료성의 구축은 모든 교사가 교실을 열고 상호 간에 수업을 관찰하고 서로 비평하는 일 없이는 달성할 수 없다. 한 사람이라도 교실을 닫고 있다면, 학교를 안에서부터 개혁하는 일은 불가능하다.

적어도 공교육의 교사로 있는 한은 교실을 사물화해서도 수업을 사물화해서도 안 되는 일이지만, 학교에서 모든 교사가 한 사람도 남김없이 교실을 공개하고 수업을 서로 공개하는 일은 의외로 어렵다.

왜 모든 교사가 교실을 동료에게 여는 일이 이렇게 곤란할까? 여러 가지 이유가 있겠지만, 단적으로 말하면 자신의 약점을 동료에게 통째로 드러내 놓고 싶지 않으며 자신의 일하는 방식에 대해서 동료에게 이렇다 저렇다는 말을 듣고 싶지 않기 때문이다. 남의 일에 간섭하지 않는 대신에 자신의 일에 대해서도 간섭받는 것이 싫다는 '상호불간섭'이라는 암묵의 규칙이 학교를 지배하고 있다. 이 암묵의 규칙이 지배하고 있는 한 학교는 바뀔 리가 없다.

교사문화에도 문제가 있다. 어떤 교사도 자신의 일에 대해서는 비판하는 듯한 말을 듣고 싶어 하지 않는다. 자기 나름대로 열심히 노력하고 있기 때문에 그 일을 있는 그대로 인정해 주기를 바라며, 교육이라는 일은 불충분할 수밖에 없는 일이기 때문에 일방적으로 결점을 지적하는 말투는 그만해 주기를 바라는 것이다. 그럼에도 불구하고 다른 교사의 일에 대해서는 태연하게 문제점을 지적하고 그 교사가 없는 곳에서 비판 조의 소문을 서로 흘리고 있다. 이러한 교사문화 체질이 남아있는 한 스스로 교실을 열고 수업을 공개하는 일에 저항을 느끼는 것은 당연할 것이다. 그렇기 때문에 서로 교실을 열고 수업을 공개하여 이 왜곡된 교사문화를 서로가 극복해 갈 필요가 있다.

교실을 열고 수업을 공개하는 일이 곤란한 원인 중에는 지금까지의 교내연수나 수업연구의 진행방식에도 문제가 있었다. 일본의 교내연수 방식은 메이지明治 이래로 지금까지 줄곧 학교에서 하나의 주제를 놓고 통일적인 지도법을 결정하여 전원이 이에 대응해 가는 형식이 지배적이었다. 지금도 연구지정학교에서 진행되는 교내연수는 학교가 통일된 방침과 지도법을 정해놓고 추진하고 있다. 이렇게 되면 의견이 강한 사람의 생각을 중심으로 연구회가 진행되거나 한 사람 한 사람의 다양성을 억압하는 방향으로 연구가 추진되는 결과를 가져오게 된다.

수업연구 방법에도 문제가 있다. 보통 수업을 관찰하고 서로 비평하면 그 수업의 어느 부분이 좋고 어느 부분이 서툰가라는 평가로 치우치기 쉽다. 그리고 친절한 교사는 문제를 지적하고 대책을 전수하기도 한다. 이러한 연구회가 수업자에게 즐거울 리가 없다. 처음부터 하면 할수록 하고 싶지 않은 수업연수였던 것이다. 교실을 열고 수업을 공개하는 일에 저항을 느끼는 대부분의 교사는 과거에 수업을 공개하여 불쾌하고 힘든 경험을 한 교사들이다. 이제 그런 경험을 두 번 다시 하고 싶지 않은 것이다.

학교개혁 1년째에 모든 교사가 한 해에 적어도 한 차례는 동료에게 교실을 공개하고 수업을 공개하는 일이 필요한 것은 이러한 모든 악폐惡弊를 불식할 필요가 있기 때문이다. 자신의 수업에 대해서는 불문에 부치고 다른 교사의 수업에는 배려 없이 거침없이 비판하는 나쁜 버릇, 자신의 연구과제를 가지지 않고 연구부의 지시대로 일을 진행해야 하는 악습, 자신의 일에 대해서는 비난을 받지 않으려고 완고하게 자신을 방어하는 악습, 자신의 방식밖에 인정하지 않고 다른 교사로부터 겸허하게 배우려 하지 않는 악습 등 이러한 나쁜 폐단을 뛰어넘어 같은 실천자로서 연대를 구축하는 일이 바로 모든 학교개혁의 전제가 되어야 할 것이다.

교실을 열기 위하여 그렇다면 모든 교사가 동료에게 수업을 서로 열기 위해서는 어떻게 하면 좋을 것인가? 여기에는 두 가지 조건밖에 없다. 하나는 교장의 리더십이다. 수업을 공개하는 일에 저항을 보이는 교사에게 수업을 열도록 요구할 수 있는 사람은 교장밖에 없다. 동료 교사 간의 관계에서 이 벽을 돌파하기란 어렵겠지만, 교장이라면 끈기있는 설득으로 모든 교사에게 서로 교실을 열도록 요구하는 것이 가능하다. 그 책임을 교장은 짊어지고 있는 것이다.

한 유명한 교장의 사례를 소개하겠다. 그의 학교에서도 모든 교사가 교실을 서로 여는 데 대해 완고하게 반대하는 교사가 있었다. 그 교장은 이 교사를 교장실로 불러 앞으로 3년간 끊임없이 계속 반대할 것을 요청했다. 안이하게 연수를 추진할 것이 아니라 언제나 충분히 서로 논의하면서 연수를 진행하기 위해서는 완강한 반대 의사도 귀중하기 때문이다. 다른 한편에서 교장은 반대하는 교사에게 교장의 연수방침을 실시하는 데 대해 양해를 구하였다. 2년째부터 이 교사도 자신의 교실을 공개하게 되지만, 거기에서도 약속대로 교장의 방침에 대해서는 반대 의견을 이야기하였다. 그리고 3년째에 이 교사는 다른 누구보다도 적극적으로 수업을 공개하게 되지만, 거기에서도 교장과의 약속대로 웃으면서 반대 의견을 이야기하였다. 실제로 저자가 관계한 학교의 사례이다. 훌륭한 교장의 리더십이다.

모든 교실을 열기 위한 두 번째 조건은 말할 것도 없이 수업연구회 그 자체를 충실하게 하는 것이다. 충실이라고 하더라도 1년째에서는 무엇보다도 연구회를 재미있게 하는 것이 최대의 과제이다. 우선은 수업을 공개한 교사의 입장에서 다시 한 번 공개하여 비평을 받고 싶어지는 연구회가 되도록 하는 것이 중요하며, 다른 참가자들에게는 자신도 다음 기회에 공개하고 싶은 마음이 생기는 연구회가 되도록 만드는 것이 필요하다.

지금까지 행해져 온 수업연수는 즐거움과 재미를 추구하기보다는 어찌 되었던 '했다'라는 충실감만을 찾는 경향이 많았다. 준비에 많은 노력을 기울이고 준비과정에서 많은 논의를 거치고 어쨌든 '해치우기' 식의 연수가 많았던 것으로 생각된다. 그러나 모든 교사가 공개할 정도로 연수를 쌓아가다 보면, 이 방식은 근본부터 다시 생각해 볼 필요가 있다. 한마디로 말하면 보다 더 가벼운 맘으로 즐겁게 연수를 진행할 필요가 있다는 것이다.

수업연수에 필요한 것은 횟수이다. 두세 번의 연수로 수업에 대해서 서로 깊이 배우는 일은 불가능하다. 몇십 회라는 사례연구를 거쳐 비로소 깊이 있게 함께 배울 수 있다. 그렇게 되기 위해서는 보다 일상적인 수업 속에 연수를 자리 잡게 해야 할 것이다. 게다가 수업연수에서 중요한 것은 사전 검토보다 사후 반성이며 수업에서의 사실로부터 서로 배우는 일이다. 사전에 시간을 투자할 필요는 없지만, 사후 검토에는 충분하게 시간을 잡을 필요가 있다. 어떠한 수업에서도 배워야 할 사항은 잔뜩 있는 것이다.

그러나 보통 연수에서는 사전준비에는 몇 시간이고 투자하고 사후는 30분 정도로 서로 이야기하고 끝내고 있다. 사전협의에 과잉

한 시간을 소모해 버리는 것은 사후에 이러니저러니 하는 말을 듣기 싫기 때문이다. 그러한 방어적인 자세나 불만을 말하거나 결점을 지적하는 연수방식이야말로 전환되지 않으면 안 된다. 수업연수는 결코 수업의 잘된 부분이나 서투른 부분을 평가하는 것이 목적이 되어서는 안 된다. 수업의 '좋고 나쁨'을 논의하기 때문에 서로 간에 상처를 받는 것이다. 수업연수의 목적은 그러한 것이 아니라 수업에서의 어려웠던 점과 재미있었던 일을 함께 공유하는 데 있다. 우선 수업의 어디가 재미있었는지를 서로 이야기하는 일, 수업의 어디가 어려운가를 서로 공유하는 일 그리고 서로 이야기하는 가운데에서 항상 아이들이 배우는 구체적인 모습을 부상시키는 일, 그러한 연수를 모든 교사들은 요구하고 있다.

처음 시작하는 해의 최대 과제는 오직 모든 교사가 참가하여 수업연수를 즐겁게 전개하는 일, 이 한 가지에 있다.

교내연수의 세 가지 원칙

아이들에 대한 대응으로서의 수업

개혁 1년째 교내연수의 주된 목적은 훌륭한 수업 만들기에 있는 것이 아니다. 오히려 그 반대이다. 수업기술은 서툴러도 좋다. 몇 번이고 실패해도 좋다. 무엇보다 소중히 하고 싶은 것은 아이들 한 명 한 명의 존엄을 존중하는 교사와 아이들과의 관계와 아이들 상호 간의 관계를 만드는 일이다. 즉, 어떤 아이도 안심하고 마음을 열고 수업에 참가할 수 있는 상황을 만들고 한 사람 한 사람의 배움을 서로 격려하는 관계를 교실에 만드는 일이다.

따라서 수업참관과 교내연수에서 검토해야 할 중심적인 사항은 아이들 한 명 한 명에 대한 교사의 대응이다. 일반적으로 수업연구에서는 교재연구, 수업전개 연구, 발문이나 지시에 대한 연구를 중심으로 검토하지만, 오히려 아이들의 배움과 교사의 대응이 검토의 중심과제가 되어야 할 것이다. 교재내용이나 수업구성에 대해서도 그 수업에서의 아이들 한 명 한 명의 배움의 실상과 그것에 대한 교사의 대응과의 관련에서 논의되어야 할 것이다.

아이들의 배움과 교사의 대응을 중심적인 검토 대상으로 하는 일은 수업참관 방식이나 연수에서 서로 이야기하는 방법을 전환하는 일로부터 시작될 수 있다. 지금까지의 수업참관에서는 참관하는 교사는 교실 뒤에 일렬로 서서 관찰하는 것이 일반적이었다. 즉, 수업자의 가르치는 방식이 관찰의 중심 대상이었다. 그러나 참관자의 위치는 아이들의 '배움'과 교사의 '대응'을 관찰할 수 있는 위치로 이동하지 않으면 안 된다. 교실의 양옆 그리고 가능하면 앞쪽의 양옆으로부터 아이들 한 명 한 명의 세세한 말과 행동과 뉘앙스 그리고 그러한 징후에 대한 교사의 대응 자세를 느낄 수 있는 위치에서 관찰해야 한다.

수업검토회에서도 수업에서의 아이들 한 명 한 명의 배움의 사실에 입각하여 교사의 대응 방식을 화제의 중심으로 삼을 필요가 있다. 개혁 1년째에는 교사의 발문이나 교재의 해석보다도 아이들의 배움의 구체적인 실상과 그것들에 대한 대응을 중심으로 서로 이야기해야 할 것이다. 아이들 한 명 한 명의 중얼거림과 당황감을 교사는 받아들이고 있는가? 교사는 의식하지 못하는 곳에서 아이들의 배움으로 발전할 싹을 짓밟아버리는 대응을 한 적은 없었는가? 예기치 못한 아이들의 반응에 대해서 교사는 유연하게 잘 대응하고 있는가? 도움을 필요로 하는 아이들에 대해서 적절한 대응을 행하였는가? 등등이다. 이러한 구체적인 검토를 통해서 아이들 한 명 한 명의 존엄이 존중될 때 누구나 안심하고 마음을 열고 한 명 한 명의 차이가 존중되는 배움을 교실에 실현하는 기초를 획득할 수 있다.

아이들의 '배움'의 실상과 그것에 대한 교사의 대응을 중심으로 한 수업검토회를 강조하는 것은 무엇보다 교실에 자립적인 배움과 협동적인 배움을 실현하는 교사와 아이, 아이들 상호 간의 관계를 구축하는 일이 개혁 1년째의 수업 만들기에서 결정적으로 중요하기 때문이다. 수업 속에서 아이들 한명 한명의 존엄이 존중되고 있는가의 여부는 교실에서 아이들의 목소리를 듣는 것만으로도 즉각적으로 판단할 수 있다. 한 사람 한 사람의 개성이 존중되고, 한 사람 한 사람의 배움이 격려되고, 서로 배우는 관계가 만들어지는 교실에서는 아이들의 신체는 부드럽고 자상하고 온화한 목소리로 말이 오고 간다. 일반적으로 교사는 큰 목소리로 활발하게 발언할 것을 요구하는 경향이 있지만, 오히려 무리 없는 작은 소리로 서로 말을 주고받는 교실이 보다 더 자립적이고 협동적으로 배우는 사람을 기른다는 것을 이해해야 할 것이다. 안심할 수 있는 장소에서 의미 있는 커뮤니케이션을 행할 때에 사람은 (물론 아이들도) 내성적인 목소리로 천천히 이야기하는 것이다.

목청에서 쥐어짜는 듯한 소리가 오가는 교실, 자기주장이 난무하는 교실, 일부 몇 명의 아이들만이 발언하고자 하는 교실, 좀처럼 발언하지 않는 아이들이 몇 명이나 존재하는 교실, 험악함이 목소리에 느껴지는 교실에서는 아이들 사이의 관계가 거칠어지고 자립적인 배움도 협동적인 배움도 실현될 수 없다. 그러한 교실이 되는 원인은 교사의 대응에 있다고 본다. 그렇다고 해서 교사의 대응을 중심적인 화제로 하여 수업을 검토할 필요는 없다.

개혁 1년째의 과제는 교내의 많은 교실을 차분하고 윤기가 흐르고 온화한 목소리로 이야기하며 서로 들어주는 교실로 바꾸는 데 있다. 바꾸어 말하면 차분한 공기와 온화한 목소리가 교실에 되살아나게 되고 아이들의 말과 행동 하나하나에 대한 대응을 통해서 교실에 편안한 숨결을 만들어 내는 교사라면 어떤 교재라도 내용에 입각하여 자립적인 배움과 협동적인 배움을 실현할 수 있는 것이다.

듣는 것을 중심으로 한 교실 만들기

서로 배우는 관계의 기초에는 서로 듣는 관계가 있다. 자칫하면 교사는 아이들의 발언력을 추구하기 쉽지만, 오히려 한 명 한 명의 발언에 귀를 기울이는 일을 중심으로 지도하는 것이 보다 더 중요하다. 어떤 아이도 안심하고 발언할 수 있는 교실은 서로 다른 목소리에 민감하게 귀를 기울이는 서로 들어주는 관계를 만듦으로써 실현할 수 있다. 그 반대가 아님을 기억해야 할 것이다.

듣는다는 행위는 배움이 배움으로써 성립하기 위한 가장 중요한 행위이다. 공부 잘하는 아이란 듣는 데 능숙한 아이이기도 하다. 수다스러운 아이(인간) 가운데 배움에 능숙한 아이(인간)는 없다. 배움은 일반적으로 능동적인 행위로 생각하기 쉽지만, 그 능동적인 행위 앞에 듣기라는 수동적인 행위가 있음을 명심해야 할 것이다. 배움이란 마음과 신체를 타자에게 열고 이질적인 것을 받아들이는 일로부터 출발하는 것이며 '수동적 능동성'에 의해 실현되는 행위이다.

하지만 대부분의 교실에서는 이 '듣기'라는 관계가 아이들 가운데 만들어져 있지 않다. 서로 듣는 관계가 성립되어 있지 않은 교실에서는 타자에 대한 무관심이 지배적이며 서로 배우는 관계는 생길 수 없다.

서로 듣는 관계를 구축한다고 하더라도 "자 잘 들어!"라고 주의만 주어서는 아무 소용이 없다. 서로 듣는 교실을 만드는 첫걸음은 우선 교사 자신이 한 사람 한 사람의 목소리를 주의 깊고 정중하게 듣는 일을 끈기 있게 계속하는 것이다. 그 외에 달리 방법이 없다. 다른 아이들의 발언에 귀를 기울이지 않는 교실에는 반드시 한 명 한 명 아이들의 목소리에 정중하게 귀를 기울이지 않는 교사가 있다. 그러한 교사들의 대부분은 자기 자신도 수다쟁이이며 말을 할 때 하나하나 정중하게 선별하여 발언하는 자세가 되어 있지 않으며 말 한 마디 한 마디가 아이들 한 명 한 명에게 닿고 있는가를 의식하는 일 없이 말하고 있다. 그러한 교사가 있는 교실에서는 서로 듣는 관계도 서로 배우는 관계도 만들어질 수 없다.

교사가 아이들 한 명 한 명의 말에 귀를 기울이고 민감하게 대응하며 아이들 한 명 한 명에게 정중하게 와 닿는 말을 할 수 있게 될 때 비로소 교실의 아이들 간에도 서로 듣는 관계가 생겨나고 차분한 말을 깊이 있게 음미하면서 서로 교환하는 관계가 만들어지게 된다.

개혁 1년째의 수업연구에서 저자가 중시하는 것은 이러한 서로 듣는 관계의 형성이다. 그리고 아이들의 말 하나하나를 주옥처럼 존중하는 교사의 듣는 자세와 조심성 없이 아무렇게나 내던지는 말이나 애매한 말을 걸러내며 아이들 한 명 한 명의 가슴에 와 닿은 말을 정중하게 선택하면서 이야기를 건네는 교사의 말씨이다. 서로 배우는 교실은 서로 듣고 서로 이야기하는 부드러운 관계를 만드는 일 없이는 실현될 수 없는 것이다.

물론, 아무리 교사의 듣는 방법과 말씨가 세련된다고 하더라도 즉각 아이들 속에 차분한 서로 듣는 관계가 생겨나는 것은 아니다. 아이들에게 변화를 너무 조급하게 이루려고 해서는 안 된다. 아이들의 변화는 천천히 시간을 들이면 들인 만큼 정확한 것이 된다. 적어도 10개월은 걸릴 것이라는 각오로 끈기있게 아이들을 격려하면서 구축해 갈 필요가 있다. 이 10개월이 다음 해 그리고 또 그 다음 해의 수업의 발전을 보장한다고 해도 과언이 아니다.

**자신의 과제로
수업 만들기에 도전하기**

개혁 1년째의 수업연구에서 또 하나 중시하고 있는 것은 교사 각자가 자신의 과제를 가지고 수업연구에 임하는 일이다. 창조적인 수업을 성립시키기 위해서는 교사 자신이 도전해야 할 과제를 선명하게 해 둘 필요가 있다. 하지만 이 당연한 일이 어느 학교에서도 자각되어 있지 않다. 연구과제라고 하면 학교 전체가 정하는 것이라는 잘못된 관습이 있어서 자칫하면 연구부가 설정한 과제에 의존하기 쉽다. '연수에는 협력할 것이니 과제를 제기해 주기 바란다'라고 하는 잘못된 발상이 아직까지 많은 학교에 침투되어 있다. 연수과제는 교사 한 사람 한 사람이 책임지고 정하는 것이며, 연구부는 그러한 것을 총괄하여 각자의 수행을 원조해야 하는 것이다.

개혁 1년째의 수업연구에서는, 모든 교사가 한 해에 한 차례 동료에게 수업을 공개하고 비평을 청하는 체제를 구축하는 일과 모든 교사가 각자 자신이 도전할 만한 수업 만들기의 과제를 명확하게 할 것을 추구하고 싶다. 이 두 가지 조건이 갖추어질 때 비로소 학교는 수업창조를 중심으로 하여 교사들이 서로 배우고 서로 성장하는 장소가 되는 것이다.

학교조직을 단순화하기
연수를 중핵에 두기 위하여

교내연수를 중심으로 교사의 동료성(수업연수를 통해서 서로 배우면서 함께 성장하는 교사 간의 연대)을 구축하는 일이 학교개혁의 중심적인 과제이다. 교내의 교사가 한 사람도 빠짐없이 1년에 한 차례는 수업을 공개하여 동료에게 비평을 청하는 체제가 첫 1년 사이에 확립되면 어떤 일이 있어도 2년째에는 도전해 보고 싶은 과제가 있다. 학교의 기구와 조직을 단순화하는 일이다.

현재 학교의 기구와 조직은 너무나 복잡하다. 학교를 방문하여 교장실에서 학교요람을 건네받으면 항상 '조직·기구도'를 먼저 본다. 교사가 20명 정도인 학교에서는 보통 30개 이상의 교무분장과 위원회가 조직되어 있다. 각각의 분장과 위원회명 옆에 작게 적혀 있는 이름을 조사하여 한 명의 교사가 몇 개의 역할을 분담하고 있는가를 계산해 본다. 아무리 작은 위원회라도 직원회의를 하기까지는 몇 번이고 회의를 가지게 될 것이므로 그 회의 횟수도 상정해 본다. 대체 이렇게 많은 분장과 위원회를 두고 자질구레한 것까지 회의에서 상의할 필요가 있는가?

일본 교사들의 평균 노동시간은 주당 52시간에 이른다. 노동성 기준을 12시간이나 초과한 다망함이다. 하지만 수업, 수업준비, 연수, 교육과정 만들기 등 전문가로서의 교사의 일에 투자하는 시간은 그 가운데 반 정도에 지나지 않는다. 거의 반 가까운 시간을 여러 가지 회의와 잡무에 소비하고 있는 것이다. 많은 학교를 방문하여 느낀 것이지만, 교사 간에 사이가 나쁜 학교일수록 분장이나 위원회 수가 많고 복잡한 조직과 기구로 이루어져 있다. 그리고 세세하게 역할이 분담되어 조직이나 기구가 복잡한 학교일수록 학교 전체의 사항에 대한 교사의 책임감이 희박하다. 몇 가지 역할을 중복하여 분담하고 회의에 쫓기는 나날 가운데 자신의 역할을 회의로밖에 의식하지 않으며 타인의 역할에는 무관심해져 버린다. 복잡한 조직이나 기구는 한 사람 한 사람의 일을 단편화할 뿐만 아니라 전체에 대한 책임의식을 잃게 한다.

보다 중요한 것이 있다. 복잡한 조직이나 기구는 일이 중심이 되어야 할 교육전문가로서의 일을 공동화시켜 주변의 잡무를 증대시켜 버린다. 교사로서 가장 중심이 되는 일을 문자 그대로 중심이 되게 하기 위해서는 대단한 각오로 학교의 조직과 기구를 단순화할 필요가 있다.

하나의 시도　지금부터 약 7년 정도 전, 도내에 있는 한 중학교에 2년간 관계한 적이 있다. 학생 수 300명 정도 되는 중소규모의 학교였지만, 학생들이 너무 거칠어 1년에 유리창 비용만 백만 엔(역주-1,400만 원 상당) 가까이 지출하는 상황이었다. 교장 선생님과 연구주임과 상담하여 수업개혁을 중심으로 학교를 개혁할 계획을 세웠다. 교무분장의 폐지를 제안한 것은 그때가 처음이었다. 지금까지 전국 각지의 중학교에서 수업개혁에 협력해 왔지만, 항상 불충분하게 제대로 달성되지 않는 안타까움을 느끼고 있었다. 중학교의 수업개혁은 소학교의 수업개혁 이상으로 복잡하다. 그 복잡함을 충분히 알고 있기에 자신의 부족한 힘과 중학교 수업개혁의 어려움을 뛰어넘을 필요를 느끼고 있었던 것이다.

이 중학교의 교사들에게 제안한 방침은 4가지이다. 첫째는 학생이 아무리 거칠어 수업이 성립되지 않거나 비행을 저질렀다고 하더라도 직원실이나 학교 밖에서 학생에 관한 푸념을 절대로 입 밖으로 내지 않는 일이다. 둘째는 수업개혁의 구체적인 지침으로 모든 수업 속에, 가령 분수라고 하더라도 학생이 활동할 작업을 포함시켜 학생들이 작은 집단으로 협동하며 서로 이야기하는 활동을 통해 자신이 알게 된 것을 서로 표현하고 교류하여 음미하도록 하는 일이다. 즉 '활동적이고 협동적이고 반성적인 배움'을 한 시간 한 시간의 수업에서 구체화하는 일이다. 셋째는 주 1회 학년회나 교과회를 통해 수업의 사례연구를 행하는 일이다. 그리고 넷째는 수업 만들기를 일의 중심으로 하기 위해서 교무분장과 위원회를 폐지하고 모든 것을 주 한 차례의 직원회의에서 서로 이야기하도록 하는 것이다.

교무분장이나 위원회를 폐지하자는 저자의 대담한 제안을 교장을 비롯해 이 학교의 모든 교사가 승낙하여 시도하게 되었다. 지금도 잘 받아들여 주었다고 생각하지만, 그 정도로 이 학교의 상황은 절박했으며 교사들이 무엇인가 하지 않으면 안 된다는 생각이 강했던 것이다. 오히려 계획의 승낙을 얻은 단계에서 가장 불안을 느낀 사람은 저자였다. 정말이지 교무분장과 위원회를 폐지하고 직원회의만으로 학교가 운영될 수 있을까?라고. 그러나 어찌 되었든 수업연구를 위해 한 번이라도 더 많은 시간을 확보하고 싶었던 것이다. 수업을 바꾸면 학교는 바뀌는 것이다.

이 4가지 제안은 1년 동안 실천되었으며, 그 성과는 3개월도 지나지 않아 나타났다. 수업 중 아이들의 모습이 밝아졌을 뿐만 아니라 그토록 거칠던 교내폭력이 거의 자취를 감추고 창문 유리 등의 기물 파손은 찾아볼 수 없게 되었다. 처음에는 학생들의 변화보다도 교사들의 변화가 현저하게 눈에 띄었다. 어색하게 시작된 매주 교내연수를 통한 수업연구와 격주로 실시된 학년과 교과별 수업연구였지만, 몇 개월 지나자 웃음이 넘치는 즐거운 모임으로 정착되었다. 중학교 수업연구에서는 교과의 벽이 두껍고 타 교과 수업에 대해서 솔직하게 의견을 서로 이야기하는 관계를 구축하는 것이 곤란하지만, 이 학교에서는 처음에 저자가 수업에 넣도록 제안한 '활동', '협동', '표현'의 3가지 요소를 끊임없이 공통화제로 삼음으로써 이 교과의 벽을 가볍게 극복하게 된 것이다.

그리하여 3학기의 2월에는 교장의 제안으로 학생들이 졸업한 세 개의 소학교 교사들을 초대하여 전 교실에서 공개수업을 실시하게 되었다. 학생들의 성장한 모습을 공개하고 예전의 모습을 알고 있는 소학교 교사들의 비평을 청하는 연구회이다. 그날은 감동적이었다. 모든 교실에서 학생들이 성실하고 밝게 서로 배우고 있으며, 소학교 이상으로 소학교적인 수업이 실현되고 있었기 때문이다.

그리고 2년째에 들어섰다. 1년째의 4가지 제안을 거의 그대로 답습하면서 보다 자세한 교재연구와 수업 만들기가 시도되었다. 거의 그대로라고 이야기한 것은 교무분장 등 최소한의 분장은 부활되었기 때문이다. 그것은 바람직한 일이었다. 이미 교내연수는 학교경영의 중심을 차지하고 있으며, 학년회나 교과별 모임의 수업연구도 지난해 이상으로 활발화되어 있었다. 무리를 해서까지 분장을 전폐할 필요가 없어졌기 때문이다.

2년째에는 학교 안에 일체의 폭력사건이 없어졌다. 물론, 창문 유리 대금은 한 푼도 지불되지 않았다. 예상은 하고 있었지만, 저자 자신도 놀라운 성과였다. 그 이상으로 놀란 것은 수업 중 학생들의 변화이다. 어떤 교실을 방문하여도 학생들은 성실하게 서로 배우고 있으며 모든 학생들이 밝고 개성적인 표정이었다. 지금까지 20년간 많은 중학교에서 수업개혁에 협력해 왔지만, 이 학교의 2년째 학생들만큼 수업에서 멋지고 훌륭한 모습을 보여준 학교는 없었다. 이 2년째의 3학기 2월에는 교장의 제안으로 구내의 중학교 교사들을 대상으로 공개연구회를 열었다. 교내폭력으로 고심하던 학교로 유명하였기에 참관자들의 충격과 감동은 컸다. 저자로서도 얻기 어려운 귀중한 체험이었다.

보다 더 전진된 도전　그 이후 소학교, 중학교, 고등학교를 불구하고 저자가 관여하는 모든 학교개혁에서 2년째에는 학교의 기구와 조직의 단순화를 제안한다. 교무분장과 위원회를 전폐하지 않더라도 반 정도 감소시키는 것만으로도 수업 창조와 연구를 중심으로 동료성을 구축하는 조건을 만들어낼 수 있다. 교사의 연대를 구축하는 데 있어서 그 외 달리 방도가 없다.

　학교조직과 기구의 단순화에 있어서 보다 더 큰 도전을 한 곳이 가나가와 현 치가사키 시의 하마노고 소학교이다. 1998년에 신설된 이 학교는 저자가 제창한 '배움의 공동체'를 창립이념으로 하여 출발한 학교이며, 치가사키 시의 모든 학교개혁을 추진하는 '모델학교pilot school'로서 자리 잡고 있다. 이 학교의 발족에 즈음하여 오오세 도시아키 교장은 저자의 제안에 따라 개교 때부터 교무분장과 위원회의 회의를 전폐할 계획을 입안하였다. 이 계획에 대해서 저자는 솔직히 불안하였다. 왜냐하면, 이 학교는 아동 수가 670명 이상에 교사 수가 무려 30명에 가까운 대규모 학교였기 때문이다. 교무분장과 위원회를 전폐한 앞의 중학교는 교사 수 20명 이하의 소규모 학교였다. 20명 이하의 교사라면 모든 것을 직원회의에서 서로 이야기하여 운영할 수 있다라는 예견이 섰기 때문이다. 그러나 하마노고는 대규모 학교이다. 성공할 것이라는 보장은 없었다.

오오세 교장이 제안한 방식은 1인 1분장이라는 방식이다. 과연 그렇다. 1인 1분장이라면 회의를 하려고 해도 할 수가 없다. 그 분장의 담당자가 교장이나 교감과 상담하여 자기 스스로 원안을 만들고 직원회의에 제안하여 심의하는 것이다. 게다가 1인 1분장이므로 한 사람 한 사람의 교사가 책임을 가지고 학교운영에 참가한다. 다수의 협력이 필요할 때에는 직원회의에서 협력을 요청하면 되는 것이다.

이렇게 하여 하마노고 소학교에서는 대규모이면서도 교무분장과 위원회의 회의를 모두 없앨 수 있었다. 아침조례도 없다. 있는 것은 월 두 차례의 직원회의와 주 한 차례의 학년회뿐이다. 처음에는 당황하기도 했지만, 교사들은 곧 익숙해졌다. 지금까지 아무 문제도 생기지 않고 있다. 그렇게 해서 매월 한 차례의 교내연수와 주 단위로 행해지는 학년회의 수업연구와 자주적인 수업공개연구회를 충분하게 열 수 있는 체제가 이루어진 것이다. 1년 반 사이에 수업사례연구가 100회를 넘어서고 있다.

교내연수를 학교운영의 핵심으로

수업연수를 통해 학교를 바꾸기 위해서는 적어도 100회의 수업사례연구가 필요하다. 학교개혁에 2년 이상, 통상 3년이 걸린다고 하는 것은 100회 이상의 수업사례연구가 필요하기 때문이다. 한 차례의 수업연구에서는 수업 참관과 기록에 1시간, 그리고 수업사례연구에 최소한 2시간이 필요하다. 즉, 300시간의 연수 시간을 만들어 내지 않으면 안 된다. 어떤 학교라도 연 3회 정도는 연구수업을 실시하고 있다. 그 수업을 둘러싸고 1시간 정도 이야기하는 시간을 가질 것이다. 그러나 1년에 세 차례, 게다가 1시간 정도로 서로 이야기하는 교내연수에서 수업이 바뀌고 학교가 바뀐 전례는 없다. 300시간이나 필요한 것을 대충 6시간으로 얼버무려 넘기려고 하기 때문이다.

100회의 수업연구회라고 하더라도 교사가 20명 정도인 학교에서는 한 사람당 5회 정도밖에 되지 않는다. 5회 정도 수업공개를 통해 동료로부터 비평을 받지 않으면, 그 교사의 수업은 바뀌지 않으며 교내에 확실한 동료성을 구축하는 일은 불가능하다.

공개연구회를 개최하기

3년 계획으로 학교개혁을 추진하는 데 있어서 2년째, 3년째의 큰 고비가 되는 것이 공개연구회이다. 이 연구회를 어떻게 준비하고 실시하면 좋을 것인가에 대해서 이야기해 보겠다.

연구지정학교제도의 공과 죄

우선, 연구지정학교의 공개연구회를 살펴보자. 연구학교로 지정을 받아 3년 연구를 행하는 경우 보통 3년째에 공개연구회가 개최된다. 연구지정을 받을 것인가는 직원회의에서 분규하는 큰 의제의 하나이지만, 연구지정 학교제도는 활용방식 여하에 따라 개혁의 장점이 될 수도 있고 단점이 될 수도 있다.

연구지정의 단점은 무엇보다 형식주의에 있다. 정해진 주제를 가지고 교사 전원이 정해진 방법으로 연구하고 관행에 따라 결과를 정리하여 인쇄물을 만들고 수업을 공개한다. 그렇게 되면 아무리 활발하게 시도한다고 하더라도 모든 것이 형식주의로 진행되어 형식 그대로 실시되기 때문에 본질적으로는 수동적인 연수이며 수동적인 공개밖에 되지 않는다. 그 증거로는 3년간의 성과로 인쇄물이 완성되고 공개연구회가 개최되면 그다음 날에는 달성감과 허무감만이 남아 연수나 연구가 지속되는 일은 없다. 연구나 연수는 이제 당분간 사양인 것이다. 이렇게 되면 대체 무엇을 위한 연구였는지 이유를 모르게 된다. 연구지정을 받는 일에 반대하는 교사가 많은 이유는 이 결말을 알기 때문이다.

물론, 연구지정을 활용하여 일상의 교내연수를 활성화하고 연구결과를 정리하여 인쇄하고 공개연구를 개최한 후 연구와 연수를 지속하는 학교도 몇 되지 않지만 존재한다. 그러한 학교에서는 연구지정의 연구가 평소의 연수활동의 일부에 지나지 않는다. 인쇄물도 평소의 연수 자료를 집약한 것이며, 수업공개도 일상적인 연수의 일환으로 자리 잡고 있다. 지정을 받든 안 받든 연구와 연수는 행해졌을 것이며, 수업공개도 연구지정의 3년째라는 기회를 활용하여 행한 것에 지나지 않는 것이다.

그러나 대부분의 연구지정학교에서는 연구를 위한 연구가 되고 발표를 위한 발표가 되기 쉽다. 따라서 연구지정을 받은 학교에 관계할 때에는 지정된 연구주제를 따라가는 것은 교내연수의 일부에 그치도록 조언하고, 연구결과의 인쇄물에 있어서도 직전에 방대한 것을 준비할 것이 아니라 오히려 3년간의 기록을 그대로 프린트하여 간략하게 해야 한다고 제언하지만, 대개의 학교는 그렇게 하면 폼이 나지 않는다고 우긴다. 그리고 결국은 3년이 지나면 모든 것이 사라져 버리는 것이다.

일상의 수업을 공개하기 공개연구회의 목적은 일상의 수업을 공개하고 연수성과를 공개하여 학교 밖의 사람들에게 비평을 청하여 다음 해의 학교개혁을 위한 계획으로 결론을 지어가는 데 있다.

저자가 관계하고 있는 대부분의 학교에서는 연구지정을 받든 안 받든 2, 3년에 한 차례 혹은 매년 한 차례 학교 밖의 사람들에게 성과를 발표하고 비평을 청하는 공개연구회를 개최하고 있다. 학교가 공공성의 원칙으로 조직되어 있는 한 지역 주민이나 타교 교사들에게 모든 수업을 공개하고 비평을 청하는 것은 당연한 책무라고 생각하고 있기 때문이다. 그 대부분은 모든 연구지정학교와 같이 특정의 연구주제를 정하여 직원이 하나가 되어 노력하는 스타일로 개최되고 있는 것이 아니다. 한 사람 한 사람의 교사가 자신의 수업을 바꾸기 위한 독자적인 주제로 연수에 나서고 있으며, 교내연수를 통해서 각자 수업을 공개하고 서로 수준을 높여가고 있을 뿐이다. 그 자연적인 일상의 노력을 공개하여 다음의 단계로 나아가는 것이 공개연구회의 목적이다.

저자는 공개연구회를 여는 학교에 관계할 때에는 몇 가지 요망사항을 내놓는다. 그 첫 번째는 가능한 한 인쇄물을 적게 내는 일이다. 학교의 사실, 수업의 사실을 공개하는 것이 목적이기 때문에 인쇄물은 가능한 한 간략화하는 것이 바람직하다. 봉투에 다 들어가지도 않을 정도로 많은 분량의 인쇄물을 준비하는 학교가 있지만 많은 용지와 노력을 소비한 만큼 읽혀지고 있을까? 물론 만드는 과정에서 연구가 진행된다는 효용성도 있겠지만, 읽는 것만으로 어느 정도 효용가치가 있을지 의문이다. 하루의 프로그램 일정과 간단한 수업안만으로 제한하고 그 외 일체의 인쇄물을 건네지 않는 공개연구회를 항상 제창하지만, 이 요망을 받아들여 주는 학교는 소수밖에 없다.

두 번째 요망은 일상의 수업을 공개하는 일이다. 1년에 한 차례의 공개이기 때문에 무엇인가 도전하는 수업이 되기를 바라며, 수업자의 주장이 구체화된 실천을 시도해 주기 바라는 일이다. 하지만 일반의 공개연구회에서의 수업은 자못 공개를 위해 준비된 수업이라는 느낌이 너무 강해서 일상과의 차이가 너무 크다. 공개연구회는 무엇보다도 그동안 쌓아 온 일상의 수업을 공개하는 것이며, 일상의 수업을 개혁할 목적으로 행해지는 것이기 때문에 평소의 보통 수업을 공개하는 것이 무엇보다 적절하다고 생각한다.

세 번째 요망은 연구자료에 의한 보고에서나 구두에 의한 보고에서 고유명의 아이를 등장시켜 자신의 말로 표현해 주기를 바라는 일이다. 공개연구회에 참석하여 항상 실망하는 것은 연구자료나 보고의 말이 '살아가는 힘'이라든가 '여유'라든가 '지원'이라는 너무나 일반적인 유행어로 표현되고 있으며, 그 학교 교사의 개성도 교육실천의 구체성도 아이들의 구체적인 모습도 보이지 않기 때문이다. 일반적으로 널리 퍼져 있는 교육 유행어의 사용을 피하고 일상의 언어로 구체적인 모습을 기술하는 표현으로 보고해야 할 것이다. 그 연구를 통해서 교사 한 사람 한 사람이 무엇을 느끼고 무엇에 도전해 왔는지, 교실의 아이들은 어떻게 배우고 어디에서 실패하고 어떻게 극복해 왔는지가 보다 생생하게 이야기될 필요가 있다. 일반적인 말솜씨, 추상적인 말 그리고 교육계에서 유행하고 있는 말로 보고하는 일은 오히려 불필요한 것이다.

네 번째 요망은 공개연구회를 유료로 개최하는 것이다. 부속학교 공개연구회 등에서는 자료비로 참가비를 징수하는 것이 일반적이다. 그러나 일반 공립학교에서는 참가비를 징수하지 않는 것이 일반적이다. 공립학교 공개에서 이윤을 동반하는 참가비의 징수는 금해야 한다는 것이 시정촌 교육위원회의 설명이다. 그러나 저자는 비록 500엔이라도 참가비를 징수해야 한다고 생각한다. 공개연구회를 개최하는 데는 자료 인쇄비와 강사 조언에 대한 사례 등 실제로 비용이 들므로 참가비를 징수하는 것은 자연스러운 일이며, 배움의 장을 제공받아 다양한 서비스를 받을 수 있는 참가자가 응분의 비용을 부담하는 것은 당연하다고 생각하기 때문이다. 개최하는 학교로서는 돈을 징수한 만큼 연구와 실천이 행해지고 있는지에 대해 불안하기 때문에 참가비를 받는 것에 대해 당황해 하기도 하지만, 그런 이유 때문에 오히려 참가비를 징수해야 한다. 행사를 치르기 위해서는 내용에 대한 책임감과 좋은 의미에서의 기업정신이 필요하다. 대담하게 말하자면, 공개연구회에서 다음 해의 연구비를 축적할 수 있을 정도로 벌어들여도 좋은 것이다.

참관자에의 대응   일상의 있는 그대로의 수업을 공개하면 된다고 서로 다짐하고도 공개연구회 날이 가까워지면 어떤 교사라도 불안해지는 것이 상식이다. 수업에서 완전무결이라는 것은 있을 수 없다. 아무리 훌륭한 수업이라고 하더라도 불충분한 점은 반드시 남는 법이다. 게다가 수업은 보는 관점에 따라 멋진 수업이 될 수도 있고 말도 안 되는 수업으로 평가절하되기도 한다. 참관자의 교육관과 수업관에 따라 수업평가는 어떻게라도 되는 것이다. 그 불확실성이 수업을 공개하는 사람의 마음을 겁에 떨게 하기도 하고 불안을 가중시키기도 한다.

이 불안에 대해서 저자는 아이들의 배움의 모습을 보여주는 것이기 때문에 수업의 잘하고 못함은 문제가 되지 않는다고 조언한다. 다른 생각은 하지 말고 아이들의 배움을 키우는 일을 추구하며 공개연구회 날을 맞으면 된다고 말한다.

다른 학교의 공개연구회에 참가했던 경험을 더듬어보면 금방 알 수 있는 일이지만, 어딘가 한 교실에서라도 아이들의 배움의 모습에 깊은 인상을 받을 수 있었다면 그 학교를 방문하기 잘했다고 생각하는 것이다. 아무리 교사의 준비가 주도면밀하고 원활하게 수업이 진행되고 인쇄물이 풍부하고 강연이 좋았다고 하더라도 교실 속 아이들의 배움이 보잘것없으면 참가자는 의문부호투성이로 학교를 나오게 된다. 평소에 아이들 한 명 한 명을 진지하게 대하면서 정중하게 배움을 키워왔다면, 그 무엇도 두려워할 필요가 없다.

가령 그날의 수업이 대실패로 끝났다고 하더라도 전해질 것은 전해졌을 것이기 때문이다.

그건 그렇다 하더라도 공개연구회에 참가하는 교사를 불안에 빠뜨리는 것은 참가하는 교사 측의 매너에 대부분 책임이 있다. 교사들에게는 자신의 일에 대한 비판은 극도로 싫어하면서 다른 교사의 일에 대해서는 태연하게 비판하는 나쁜 버릇이 있다. 배운다고 하는 자세가 근본적으로 되어 있지 않은 것이다. 젊었을 때, 저자는 방문한 학교의 공개연구회가 끝난 후에 역 앞에서 한잔하면서 참관한 수업을 신랄하게 비판하고 있는 교사들을 상대로 큰 소리로 싸움을 한 적도 있다. 신랄하게 비판하기 전에 자신의 교실수업을 공개해야 한다고 생각한다. 다른 학교를 방문하여 참관한 이상에는 그곳에서 본 학교의 사실과 교실의 사실로부터 겸허하게 배워야 하는 것이다.

이 매너가 확립되어 있지 않기 때문에 수업을 공개한 교사들은 과잉불안에 가위눌림을 당하게 된다. 예를 들면, 참관 후의 협의회에서 "이 수업의 목표는 무엇이었습니까?"라는 질문을 하는 참관자가 있다. 아무것도 보지 않았다는 증거이다. 그러한 질문에 겁을 내는 수업자에게도 문제가 있다. 수업의 사실을 모르는 사람에게는 무엇을 말해도 모른다. 그러한 엉뚱한 짓을 하는 무리를 상대할 필요가 전혀 없다. 이럴 때 저자는 "당신은 어떻게 보았습니까?"라고 반대로 따져 물어보고 마음속으로는 '무시해 버리자'고 조언한다. 모르는 무리를 상대로 수업을 준비하고 실천할 필요는 전혀 없다. 그런 일을 상대해 주는 것은 아이들을 얕보고 자신의 일을 천하게 할 뿐이다. 이해하는 사람에게는 아이들의 모습 하나로 모든 것이 전해지는 것이다.

수업을 타교 교사들에게 개방하여 비평을 청하는 공개연구회는 학교개혁을 추진하는 데 있어서 필수적인 활동이다. 3년 계획으로 학교개혁을 추진하는 과정에서는 2년째, 3년째의 큰 과제 중의 하나이다. 1년째에 개최해도 좋지만, 1년째에 시도하게 되면 아무래도 아이들의 변화를 조급하게 추구하기 쉽기 때문이다. 아이들의 변화는 완만하면 완만한 만큼 확실해진다. 따라서 저자는 공개연구회는 2년째, 3년째에 설정하도록 하고 있다. 어찌 되었든 연구지정학교이든 아니든 간에 어느 학교에서나 몇 년에 한 번은 도전하여 교내연수를 활성화해야 할 것이다. 공개하는 일 없이 창조성은 생겨날 수 없다.

학교를 지역에 개방하기
학습참가에의 도전

교사와 학부모의 연대　교실을 열고 교내에 동료성이 구축되면 학교를 지역에 여는 일이 가능하게 된다. 학교는 안으로부터 밖에 변화하지 않는 곳이지만, 그 개혁이 지속되기 위해서 학교 안으로부터의 개혁은 밖으로부터 뒷받침되지 않으면 안 된다.

　오늘날 학교의 불행은 학부모와 교사가 상호불신에 빠져 있다는 점에 있다. 학교개혁을 안에서 막고 있는 것은 교실의 벽(소학교)과 교과의 벽(중학교, 고등학교)이지만, 학교개혁을 밖에서 막고 있는 것은 학교와 지역의 벽이며 교사와 학부모의 상호불신이다. 그러나 교사와 학부모의 연대는 결코 쉬운 일이 아니다. 한마디로 학부모도 각자 서로 다른 교육관을 지니고 있으며, 학교와 교사에 대해서 다른 기대를 안고 있다. 한 학급 내에서도 학부모가 연대되지 않는 것이 일반적인 상황이다. PTA임원 하나를 결정하는 데에도 며칠씩이나 입씨름을 계속해야 하며, 작은 집단으로 나뉘어 인간관계가 고정되어 있어 하나로 뭉쳐지지 않는 것이 현실이다.

그러나 교사가 학부모를 신뢰할 수 없고 학부모가 교사를 신뢰할 수 없는 상황이 계속되는 한 아이들이 완전한 배움을 추진하는 일은 어려우며 학교개혁을 추진하는 일도 불가능하다. 아이들의 실패를 교사는 학부모의 책임으로 돌리고 학부모는 교사의 책임으로 돌리는 상황을 어떻게든 바꾸어가지 않으면 안 된다. 교사와 학부모의 연대는 교사가 학부모에게 손을 내밀고 학부모가 교사에게 손을 내미는 것만으로 실현될 수 없는 과제이다. 교사가 교사로서의 책임을 자각하고 학부모가 학부모로서의 책임을 자각할 때 비로소 교사와 학부모와의 연대가 실현된다.

수업참관에서 학습참가로 지금으로부터 약 6년 전에 니가타 현 오지야 시 오지야 소학교에서 교사와 학부모의 연대를 실현하는 귀중한 경험을 가진 적이 있다. 저자는 이 학교에 4년간 교내연수를 위한 협력자로서 관계해 왔으며 그 첫해에 어느 학교에서나 행해지고 있는 '수업참관'을 학부모의 '학습참가'로 전환하는 도전이 히라사와 켄이치 교장을 중심으로 개시되었다. 그 계기는 이 학교 건물의 중앙에 위치해 있는 특수학급에서의 수업참관이었다. 특수학급에서는 일반 교실과 달리 수업참관에서 물건을 만들거나 요리를 만드는 활동이 조직되어 그 활동에 자연스럽게 학부모가 참가하는 일이 많다. 그 광경을 본 교장은 저자의 조언을 토대로 다른 교실에서도 '수업참관'을 학부모도 교실에서 배우는 활동에 함께 참가하는 '학습참가'의 양식으로 바꾸어 조직하는 개혁에 착수했다.

미국의 교실에서는 학부모가 자원봉사자로서 교실에서 교사를 도와주는 일이 극히 자연스러운 일로 행해지고 있다. 그것을 일본의 교실에서 실현하는 일은 저자로서도 오랜 소망이었다. 학부모들의 교육의식이 내 아이를 중심으로 개인주의화되고 있는 현실을 극복하기 위해서는 학부모가 학교의 교육활동에 직접 참가하는 경험이 불가결하기 때문이다. 저자 자신도 학부모로서 딸아이의 교실에서 수업참관을 몇 번이고 경험해 왔지만, 이렇게 많은 교실을 계속 관찰해 왔음에도 불구하고 내 딸의 교실이 되면 내 딸밖에 보이지 않는다. 개인주의화된 학부모의 의식을 여는 일은 쉬운 일이 아니다. 그 벽을 극복하는 데에는 교사의 교육활동에 직접적으로 협력하는 경험이 불가결하다고 생각한다.

히라사와 교장의 제안에 처음에는 교사들도 소극적이었다. 그런 일을 해 본들 교사의 부담만 가중되는 것이 아닐까? 그리고 학부모가 자신의 교실 이외의 교실을 드나들게 되면 교사들 간에 비교되어 교사와 학부모의 관계가 더 악화되는 것은 아닐까? 혹은 수업 경험이 전혀 없는 학부모가 도우미로 교실에 들어와 본들 행동에 방해만 되는 것은 아닐까? 그리고 지금보다 더 많은 학부모의 불만이 교사에게 제출되어 오히려 성가신 일만 늘어나는 것이 아닐까? 하는 것이 교사들의 생각이었다.

그러나 한 학년을 대상으로 시도해 본 결과 교사들의 생각이 바뀌었다. 학부모가 수업에 참가하자 아이들이 부드러워지고 모든 아이가 안심하고 학습에 임하는 것이다. 우선 학부모의 모습이 생기가 넘치고 학습참가가 기쁨이 되고 있다. 게다가 횟수를 거듭하면서 자기 아이보다 다른 아이를 돕는 관계로 변화하여 부모의 의식이 내 아이 중심에서 교실 전체, 학교 전체로 확산하여 갔다. 더 나아가서는 지금까지 대부분 어머니만 참가해오던 것에서 조부모 그리고 아버지도 참가하게 되었다.

오지야 소학교에서는 그다음 해부터 모든 교실에 월 한 차례 학습참가 기회를 설정하게 되었다. 학습참가의 날이 가까워지면 히라사와 교장은 학교 소식지에 각 학급에서 예정하고 있는 수업내용을 각각 명함 크기의 난을 이용하여 소개하고, 학부모는 그 안내를 참고하여 흥미 있는 교실로 찾아간다. 학부모가 참가하는 교실은 자기 아이가 있는 교실에 제한되는 것은 아니다. 참가방식도 다양하다. 모둠학습의 도우미로 참가하는 경우가 있는가 하면, 교사를 대신하여 수업을 하는 일도 있으며, 교실에 앉아 아이들과 함께 수업을 받는 것이 중심이 되는 경우도 있다. 사전에 교사와 협의하는 경우도 있지만, 대개는 갑자기 방문해도 충분히 참가할 수 있도록 하고 있다. 한 단원을 학부모가 서로 분담하여 교사를 도와주는 경우가 있는가 하면, 1시간만의 참가도 있다. 어찌 되었든 지금까지의 수업참관과는 달리 수업과 배움의 활동 속에 직접 참가하는 것이다.

오지야 소학교에서는 지금까지 월 한 차례의 학습참가 기회를 설정해 왔는데, 항상 70~80%의 학부모가 참가하고 있다. 이 참가비율을 보아도 학습참가가 학부모에게 적극적으로 받아들여지고 있음을 알 수 있을 것이다. 많은 부모들이 학교의 교육활동에 적극적으로 참가하고 싶은 것이다.

이 사례를 소개하면 오지야 소학교에서는 학부모와 교사의 신뢰관계가 구축되어 있었기 때문에 학습참가도 적극적으로 전개되었을 것이라고 생각하는 경향이 있다. 그러나 현실은 반대다. 학습참가 활동이 도입되기 전까지 이 학교와 보호자와의 관계는 결코 좋았던 것이 아니다. 학습참가 활동이 학교와 보호자와의 관계를 근본부터 바꾸어 놓은 것이다. 학습참가를 도입하기 전까지는 학교에 불만을 가진 학부모가 학교를 방문하여 하는 이야기의 대부분은 학교와 교사에 대한 비판이었다. 그러나 학습참가를 도입하고부터는 지금까지 침묵해 오던 학부모가 오히려 적극적으로 학교에 협력하게 되었다. 그와 동시에 불만과 비판을 터뜨리던 학부모도 학습참가를 통해서 학교 현실을 보다 이해하고 건설적인 의견을 제출하게 되었던 것이다.

교사의 변화도 두드러진다. 가장 큰 성과는 교사들이 학부모를 신뢰하게 된 것이다. 학부모의 비판이나 요구를 두려워하지 않고 솔직하게 학부모의 의견에 귀를 기울이게 되었다. 교실에 곤란한 일이 생기면 솔직하게 학부모와 상담할 수 있게 된 것이다. 교사는 교사로서의 책임을 자각하게 되고 학부모도 학부모로서의 책임을 자각하는 연대가 실현된 것이다.

수업참관에서 학습참가로 　오지야 소학교에서의 학습참가 활동이 신문과 TV를 통해서 전국의 학교 교사와 학부모들에게 알려지면서 각지의 학교에서 같은 모양의 활동이 시도되고 있다. 그러한 수많은 경험을 통해서 학습참가를 추진하는 지혜도 축적되고 있다.

예를 들어, 교실수업에 학부모 참가를 추진하면 교사는 보통 초청교사의 양식을 취하려는 경향이 많다. 물론, 학교와 지역과의 연대에서 초청교사 방식은 유효한 양식의 하나이기도 하다. 그러나 학습참가를 도입하는 첫 단계에서 초청교사의 방식을 취하면 그 후 참가하는 학부모의 수가 줄어드는 수가 있다. 이것은 교사가 일반 학부모의 감각을 충분히 이해하고 있지 못한 증거라고도 할 수 있지만, 대부분의 학부모는 초청교사의 방식을 도입하게 되면 참가할 수 있는 것은 특수한 능력이나 기능을 가진 일부 학부모뿐이라고 느끼게 된다. 자신들은 도무지 그러한 능력이 없기 때문에 도저히 소임을 다할 수 없다고 생각하게 된다. 보호자 반수 이상은 대학을 경험하지 않은 학부모들이다. 대졸자의 특별한 직업을 가진 사람이 초청교사로서 참가하는 것을 목격하게 되면 대학을 경험하지 않은 학부모는 자신들은 참가할 수 없다고 꽁무니를 빼기 쉽다. 교사들은 이러한 감각에 대한 이해가 둔감한 편이다. 만약 한 사람이라도 더 많은 학부모의 참가를 희망한다면, 첫 단계에서는 초청교사의 방식은 오히려 피하는 편이 현명할 것이다. 무엇보다 가볍게 참가할 수 있게 하고 나아가 보호자 자신에게도 기쁨이 될 수 있는 방식을 채용해야 할 것이다.

그리고 모처럼 학습참가를 도입하여도 교사 쪽이 지나치게 완벽한 수업을 고집하면 학부모의 의식을 구차하게 해 버린다. 예로, 모둠활동에 도우미로서 학부모의 학습참가를 요청했을 때 학부모가 아이들의 사고를 지켜보는 것이 아니라 바로 가르치려고 하기 때문에 수업의 전개에 변화가 없고 단조롭다는 불만을 듣게 되는 경우가 많다. 그렇게 되면 교사 측에서는 보다 사전에 충분한 협의를 거칠 필요가 있다는 결론을 내리기 쉽다. 그렇다. 초심자일수록 가르치고 싶은 경향이 강한 것은 사실이다. 그러나 그렇다고 해서 사전 협의에 시간과 노력을 쏟는다면, 학부모들은 점점 참가하기 힘들게 되고 교사들 또한 부담이 커져 버린다.

학습참가는 보다 느긋하게 도전하는 편이 현명하다. 금방 가르쳐버리는 학부모도 학습참가를 몇 번이고 체험하다 보면 정답을 가르치지 않고 차분하게 아이들이 사고하는 모습을 지켜보게 된다. 학습참가에 있어서 무엇보다 중요한 것은 학부모들의 즐거워하는 모습일 것이다. 교사들이 너무 완벽한 수업을 요구하게 되면 학부모의 참가를 부자유스럽게 하고 학생들의 의식도 부자유스럽게 만들어 버릴 위험이 있다. 무엇보다도 참가하는 것이 기쁨이 될 때 그야말로 학습참가는 지속적인 활동으로 발전하는 것이다.

중학교에서도 학습참가 활동이 보급되고 있다. 소학교보다 고도로 추상적인 내용을 다루는 중학교에서 학습참가는 어렵다고 생각하기 쉬우나 한 중학교에서는 수학의 이차방정식 단원에 학부모들이 강한 참가 의사를 보여왔다고 한다. 아직까지 이차방정식을 제대로 이해하지 못한 상태이므로 아이들과 함께 배우고 싶다는 요망이다. 이러한 학습참가가 중학교나 고등학교에서 실현되게 되면 정말 멋질 것이다.

교사와 학부모의 연대가 실현될 때 비로소 학교는 배움의 공동체로서 소생할 수 있다. 10년 전만 하더라도 교실에 학부모나 시민이 자원봉사자로 참가하는 것은 미국과 같은 학교에서는 일상화되어 있어도 일본의 학교에서는 도저히 무리라고 생각해 왔다. 그러나 오지야 소학교의 실천 이후 전국의 많은 수의 학교와 교실에 학습참가 방식이 도입되고 게다가 미국의 학교 이상으로 적극적인 학부모의 참가를 이끌어내고 있다. 지역이나 학부모의 가능성을 얕보아서는 안 될 것이다. 학교는 아직 가능성이 넘치는 장소인 것이다.

수업이 바뀌면
학교가 바뀐다

PART 3
교육과정을 디자인한다

아이들이 서로 성장하는 교실에는 부드러운 신체로 싱그럽게 감정을 표현하는 아이들과 목소리로 표현되지 않는 아이들의 말에 귀를 기울이는 교사가 있다. 반대로 아이들이 거칠어져 가는 교실에는 경직된 신체에 감정을 가둔 아이들과 경직된 신체와 목소리로 통제하는 교사의 모습이 있다. 일반적으로 교사들은 수업진행에만 의식을 집중하고 있으며, 그 수업 속에서 움직이며 파동치는 아이들의 사고나 이미지와 공진하는 데 의식이 향해 있는 교사는 적다. 아이들의 신체가 나타내고 있는 메시지에 귀를 기울이는 일, 거기에서부터 서로 배우는 관계는 만들어지는 것이다.

STORY 1
교육과정이란 **무엇인가?**

21세기의 교사는 배움을 디자인하는 교육과정 만들기의 능력에 대해 질문을 받게 될 것이다. 학교의 독자성이 문제시되고 교실의 개성이 문제시되는 시대를 맞이하고 있다. 그 독자성과 개성을 구체적으로 표현하고 있는 것이 교육과정이다.

그러나 현재 많은 학교나 교실에서 "당신 학교(교실, 학년, 교과)의 교육과정은 어떠한가?"라는 질문을 받고, "우리 학교(교실, 학년, 교과)의 교육과정의 특징은…"이라며 명확하게 대답할 수 있는 교장이나 교사가 얼마나 존재할까?

대부분의 교장은 학교편람을 제시하며 본교의 교육목표를 설명할 것이며, 대부분의 교사는 연간지도계획을 설명할 것이다. 그러나 유감스럽게도 본교의 교육목표나 연간지도계획은 교육과정의 일부이긴 하지만, 교육과정 그 자체는 아니다. 교육과정은 교육목표의 차트도 아니며 지도계획의 일람도 아니기 때문이다.

학교나 교실에서 교육과정 만들기가 진전되지 않는 가장 큰 원인이 여기에 있다. 일본에서는 교육과정의 개념이 원래 오해되어 혼란되고 있는 것이다. 그 오해와 혼란은 지금도 지속되고 있다. 종합학습 교육과정 만들기가 열심히 논의되고 있지만, 대부분은 목표와 계획 만들기에 치우쳐 있는 것이 실태이다. 그렇다면 대체 교육과정이란 무엇이란 말인가? 교육과정이란 무엇을 어떻게 하는 것일까?

교육과정이란 한마디로 말하면 '배움의 경험'이다. 교육과정이라는 영어에는 이력서라는 의미도 있지만, 교육과정은 배움의 흔적이며 배움의 이력이다. 즉, 교육과정 만들기는 목표나 계획의 일람을 만드는 것이 아니라 실제로 배움의 경험을 창조하는 일이다. 교육과정은 교무실이나 교과연구실에서 만들어지는 것이 아니라 일상적인 교실에서 나날이 창조되는 것이다. 따라서 교육과정은 학년도나 학기 초에 준비되었다고 하더라도 본질적으로는 학년도나 학기 후에 배움의 이력으로서 만들어진다. 그리고 교육과정의 독자성과 개성이란 다름 아닌 하루하루 추구되는 수업과 배움의 독자성과 개성인 것이다.

교육과정 만들기는 세 가지 활동으로 진행된다. 하나는 배움의 경험에 대한 '디자인'이며, 두 번째는 배움의 경험을 창조하는 '교실 실천'이며, 세 번째는 배움의 경험에 대한 '성찰과 평가'이다. 이 세 가지 활동의 중심이 교실의 실천이라는 것은 말할 필요도 없다. 교육과정은 교실에서 창조되는 것이다. 그리고 이 세 가지 활동을 단계적으로 구분하는 것도 잘못이다. 교실의 실천을 중심으로 디자인과 성찰과 평가도 동시에 진행하는 것이 실제 교육과정 만들기의 산 모습이다.

교육과정 만들기의 역량은 교사 전문성의 중핵이다. 이 장에서는 교육과정 만들기의 실천적인 지침을 구체적으로 제시해 보고자 한다.

STORY 2

'배움의 교육과정'을 중심으로

보통 '커리큘럼curriculum'은 '교육과정敎育課程'으로 번역되어 왔다. '敎育課程'은 교사가 가르치는 교재의 개요syllabus를 나타내는 것이지 배움의 경험으로서의 교육과정을 나타내는 것은 아니다. 일본 학교의 하나의 특징은 이 '敎育課程'이라는 말이 나타내는 것처럼 가르치는 교육과정은 면밀하게 계획적으로 조직되어 있는 것에 반해 배움의 교육과정은 빈약하게 디자인되고 있다는 점에 있다.

배움의 교육과정을 중심으로 교육과정을 디자인하게 되면 아이들의 지적 관심을 기초로 하는 단원 주제, 그 주제를 탐구하는 자원이 되는 소재나 자료, 아이들의 탐구활동과 의사소통을 촉진하는 학습환경 등이 교육과정 만들기의 중심적인 과제가 되며, 그 단원에 있어서의 배움의 발전성에 대한 예견이 중요하게 된다.

배움이란 교육내용인 대상 세계(사물)와의 만남과 대화이며, 그 과정에서 수행되는 다른 아이들의 인식이나 교사의 인식과의 만남과 대화이며, 새로운 자기 자신과의 만남과 대화이다. 배움은 세계 만들기(인지적 실천)와 친구 만들기(대인적 실천)와 자기 만들기(자기 내적 실천)의 세 가지 대화적 실천에 의해 수행되는 것이다. 저자는 이 세 가지 대화적 실천에 의해 수행되는 배움의 성격을 배움의 삼위일체라고 부르고 있다.

배움을 중심으로 한 교육과정 만들기는 구체적으로는 사물과의 만남과 대화, 친구와의 만남과 대화, 자기 자신과의 만남과 대화를 단원의 단위로 하여 조직하는 데 있다. 교과학습이든 총합학습이든 '활동적이고 협동적이며 반성적인 배움'을 하나하나의 단원으로 조직하는 것을 교육과정 만들기라고 말하여도 좋을 것이다.

따라서 단원을 어떻게 조직할 것인가가 교육과정 만들기의 중심과제이다. 지금까지의 전통적인 학교교육에서 단원은 '목표-달성-평가'의 단위로 조직되어 왔다. 교육내용의 목표를 구체적으로 설정하여 그 목표를 효율적으로 달성할 수 있는 활동을 수업과정에 조직하고 그 달성도를 목표에 비추어 테스트로 평가하는 방식이다.

 이 '목표-달성-평가'를 단위로 하는 단원은 '계단형' 교육과정을 구성하고 다량의 지식이나 기능을 효율적으로 가르치는 교육을 가능하게 해 왔다. 그러나 그 폐해도 명백하다. 계단형 교육과정에서 배움의 경험은 협소하고 획일적이며 평가는 간단하지만 일원적이다.

 앞으로 학교교육의 단원은 '주제-탐구-표현'을 단위로 하는 '등산형' 교육과정으로 디자인할 필요가 있다. 교육내용의 핵이 되는 주제를 설정하고 아이들이 다양한 접근을 통해 활동적, 협동적으로 탐구활동을 전개하고 그 성과를 표현하며 서로 공유하는 배움의 창조이다.

 배움을 중심으로 하는 교육과정 만들기는 실천적으로 말하면, 교육과정의 단원을 '주제-탐구-표현'의 양식으로 디자인하고 활동적이고 협동적이며 반성적인 배움을 교실에 실현하는 도전인 것이다.

STORY 3
'종합학습'은 왜 혼란스러운가?

신학습지도요령에서 '종합적인 학습시간'(역주-한국의 재량활동시간에 해당)이 제기되어 갑자기 교육과정 만들기에 대한 관심이 높아지고 있다. 그러나 교육저널리즘에서 화려하게 전개되고 있는 종합학습 교육과정에 대한 논의를 보면 관념적이고 추상적인 경향이 강하며 몇 가지 혼란에 빠져 있는 듯이 느껴진다. '크로스 교육과정', '횡단적 학습' 등의 전문용어가 등장하면서 합과合科학습과는 어떻게 다른가? 교과학습과는 어떻게 관련되는가?라는 추상적인 논의가 확대되고 있다. 다른 한편에서 종합학습을 주제로 내건 학교의 공개연구회에는 많은 수의 교사들이 찾아들고 있지만, 그러한 종합학습을 보면 대부분이 'ㅇㅇ생생한 체험' △

△페스티벌'이라는 이벤트로 한창이다. 총합학습을 둘러싼 논의와 실천은 혼란에 혼란을 거듭하고 있다고 말하여도 좋을 것이다.

왜 총합학습을 둘러싼 논의와 실천이 안정을 찾지 못하고 혼란의 극한 상태를 달리고 있는 것일까? 그 이유 가운데 하나는 교육저널리즘과 교육평론가와 교육학자의 언동에 농락당하고 있다는 점에 있다. 새로운 요령이 학습지도요령으로 제시되면 그것을 둘러싸고 방대한 시장이 형성되고 총합학습에 대해서 성실하게 연구한 적도 실천한 적도 없는 연구자나 평론가가 이리저리 논의를 전개한다. 그리고 이를 스스로의 실천을 통해 탐구하려고 하지 않는 교사들은 그러한 가벼운 논의에 의존하려고 하는 것이다. 혼란의 가장 큰 원인이 바로 여기에 있다. 우선은 교육저널리즘 시장이 보급하는 논의에 흔들리지 않는 것이 교사에게 필요하다.

그러나 보다 더 큰 문제가 떠도는 논의와 실천의 혼란 속에 숨겨져 있다. 이쪽이 보다 더 본질적이고 심각하다. 총합학습에 대해서 혼란스러워 하는 교사는 우선 자신이 아이들과 추구하고 싶은 현실적인 주제나 내용을 갖고 있지 않은 것이다. 지금까지 아이들과 추구하고 싶은 실제적인 주제나 내용을 갖고 있는 교사는 문부성이 총합학습을 제기하든 하지 않든 상관없이 인권학습과 평화학습과 환경학습 그리고 성에 대한 학습 등 총합학습을 계속

전개해 오고 있다.

그러한 실천은 다른 사람들 모르게 조용하고 소박한 실천으로 전개되어 온 셈이며, 현재 총합학습을 의미 있는 실천으로 추진하고 있는 것은 바로 그러한 교사들이다.

그렇다면, 왜 많은 교사는 총합학습에서 추구해야 할 현실적 주제나 내용을 가지고 있지 않은 것일까? 그것은 많은 교사들이 학교 안에서만 생활하고 한 사람의 시민으로서는 살아가고 있지 않기 때문일 것이다. 한 사람의 시민으로서 살아간다면 아이들과 함께 추구하지 않으면 안 되는 과제는 얼마든지 존재한다. 지역사회에 나가게 되면 환경문제, 복지문제, 인권이나 차별문제 등 배워야 할 많은 과제가 산더미처럼 쌓여있다. 총합학습은 결코 어려운 영역이 아니다. 시민의 한 사람으로서 아이들과 추구해야 할 주제를 가지는 일, 교실의 배움을 변혁할 의지를 지니는 일, 이 두 가지가 바로 총합학습을 성립시키는 열쇠인 것이다.

STORY 4
총합학습과 교과학습

총합학습에 대한 혼란을 가져오는 원인 가운데 하나는 총합학습을 '경험(체험)'에 의한 배움, 교과학습을 '지식(기능)'에 의한 배움으로 이분하여 이해하는 잘못된 인식에 있다.

이렇게 이해하다 보면 총합학습은 활동주의와 체험주의에 빠지게 되고 교과학습은 지식주의와 기능주의에 빠져버리고 만다. 혼란을 피하기 위해서는 총합학습도 교과학습도 '배움'을 실현하는 과정이라는 점에서는 공통적이라는 것을 인식해 둘 필요가 있다.

배움이란 사물과 대화하고 타자와 대화하고 자기 자신과 대화하는 행위이다. 총합학습도 교과학습도 '지식(기능)'과 '경험(체험)'을 통합하는 '배움'이라는 점에서는 공통된다.

그렇다면, 총합학습과 교과학습은 무엇이 어떻게 다른 것일까? 총합학습과 교과학습과의 차이는 배움의 형태에 있는 것이 아니다. 총합학습과 교과학습의 차이는 지식과 경험을 단원으로 조직하는 방식에 있다. 총합학습은 현실적인 주제(문제)를 핵으로 하여 지식과 경험을 단원으로 조직한 배움이며, 교과학습은 교과의 내용(제재)을 핵으로 하여 지식과 경험을 단원으로 조직하는 배움이다. 즉, 총합학습과 교과학습은 배움을 단원으로 조직하는 두 가지 양식인 것이다.

따라서 총합학습과 교과학습이 모두 '배움'을 중심으로 효과적으로 조직되어 있다면, 외견상으로는 그 차이를 찾아볼 수 없는 것이 정상이다. 한번 언뜻 보고 총합학습인지 교과학습인지 알 수 있을 것 같은 실천은 총합학습으로서도 교과학습으로서도 문제가 있다고 할 수 있을 것이다. 교육적으로 의미 있는 총합학습이라면 교과학습과 같은 배움이 될 것이며, 반대로 교육적으로 의미 있는 교과학습이라면 총합학습과 같은 배움이 되는 것이다.

그러나 총합학습과 교과학습은 교육과정편성에서 명료하게 구별되는 두 개의 과정이다. 현실적인 과제(주제)를 중심으로 단원을 조직한 배움의 과정(총합학습)과 개별 교과내용(제재)을 중심으로 단원을 조직한 배움의 과정(교과학습)이다.

이 두 개의 과정은 각기 독립된 두 개의 과정課程으로 다루는 것이 타당할 것이다. 종종 교과학습과 총합학습의 내용적인 관련이 문제가 되는 경향이 있지만, 교과학습과 완전히 관련이 없는 주제가 총합학습으로 조직되어도 좋으며, 반대로 교과학습과 서로 중복되는 주제가 총합학습으로 조직되어도 좋다.

교사가 탐구하고 싶은 주제이며 아이들이 조사하여 추구하고 싶은 주제라면, 교과학습과 관련이 있든 없든 중복이 되든 안 되든 총합학습으로 의미 있는 배움을 실천하면 되는 것이다.

지금까지 일본 학교의 교육과정은 교과학습만으로 조직되어 왔다. 교과학습의 중요성은 앞으로도 변함없이 강조되겠지만 동시에 인생에서 누구나 직면하는 현실적인 과제나 현대사회가 요청하는 현실적인 과제를 직접적으로 다루는 배움을 교과학습과 병행하여 조직해야 할 것이다. 총합학습은 그 도전인 것이다.

STORY 5
총합학습의 탄생

가나가와 현 후지사와 시에 있는 소학교 3학년생의 실천이다. 세 학급의 교사가 서로 의논하여 '바다 생물'을 주제로 하는 총합학습에 도전하였다. 아이들의 대부분은 바다에 근접해 살고 있으면서도 해안을 산책하는 일도 바다 생물을 대하는 일도 없이 생활하고 있다.

한 교사는 그러한 아이들의 모습을 보고 '자연은 복잡하여도 분명하게 나누어지는 것인데, 자신의 머릿속 코드를 적용하여 만나고 조금이라도 어긋나면 패닉상태가 되고 만다'고 표현하고 있다.

그러한 아이들을 바다와 몇 번이고 만나게 하고 거기에서 만난 사물을 매개로 탐구하는 기쁨을 체험하게 하자는 것이 교사들의 처음 목표였다.

4월부터 매월 한 차례 무슨 일이 있어도 해안에 나가 여러 가지 생물과 만나게 하는 활동이 전개되었다. 아이들은 몇 번을 나가도 싫증 내는 일 없이 해안을 조사하는 활동에 열중하였다. 수족관을 방문하여 그곳의 연구원으로부터 '바다 생물'이라는 주제로 특별수업을 받았다. 게다가 해안 산책을 몇 번씩 반복하자 아이들의 관심이 점차 분명해져 갔다.

불가사리를 수집하여 내는 아이, 조개 종류에 흥미를 보이는 아이, 소라게의 생태에 흥미를 가지는 아이, 해파리의 종류와 신체조직에 흥미를 가지는 아이, 잔물고기와 짱뚱어에 흥미를 집중시키는 아이, 독이 있는 물고기에 흥미를 가지는 아이, 수족관에서 들은 장어의 일생에 흥미를 가지는 아이들이다.

그리고 관심에 따라 몇 개의 그룹으로 나누어 해안이나 수족관에서 발견하거나 책이나 도감에서 조사한 것을 정리하여 바다 생물 전시회를 준비하기로 했다. 그룹에서 조사하여 알게 된 것을 서로 발표하고 공유하는 활동이다. 10월에는 아이들이 어머니들을 교실에 초대하여 바다 생물 전시회를 열었다.

이 반년의 전개는 평범하다고 하면 평범한 전개이다. 몇 번이고 해안으로 나가서 바다 생물과 만나고 그 하나하나의 만남에서 생겨나는 지적 관심을 그룹마다 탐구와 표현활동으로 이끌어냈을 뿐이다. 무리 없는 소박한 전개라는 점이 훌륭하다.

그 자연스러운 전개가 만들어 내는 배움의 가치에 세 명의 교사는 주목해 왔다. 관찰노트에 기록되어 있는 잔물고기의 그림 하나를 보더라도 처음에는 만화처럼 유형적인 일러스트에서 시작하여 횟수를 거듭함에 따라 세심하게 정성을 기울인 세밀한 일러스트로 변화해 갔다.

처음의 관찰 그 자체로부터 변화하고 있었다. 처음은 바닷물이 빠지지 않고 고여있는 곳을 조사하여도 아무것도 발견하지 못했는데, 지금은 물속에서 비쳐 보이지 않는 작은 새우 한 마리도 놓치는 일이 없다.

아이들의 변화는 얼마든지 열거할 수 있다. 흥미가 지속되지 못하고 활동에 집중하지 못하던 아이도 이 총합학습에서는 항상 계속적으로 집중해 갔으며, 사람 앞에서 발표하게 되면 모깃소리를 내던 아이도 이 전시회에서는 명료한 소리로 즐겁게 발표하고 있었다.

총합학습의 성립 여부는 한 사람 한 사람의 배움의 경험에 대한 작은 변화를 세세하게 성찰하고 그 발전을 지켜보며 원조하는 교사의 시선과 관계가 얼마나 확실한가에 달려있다.

STORY 6
총합학습의 즐거움

시즈오카 현 후지 시 히로미 소학교 4학년의 3개 교실에서는 '물'을 주제로 하는 총합학습이 개시되었다. 학교가 위치해 있는 지역은 후지 산의 개척지이다. 교사들은 '산도 없고 바다도 없고 역사도 얕은 지역에서 무엇을 주제로 총합학습을 추진하면 좋을 것인가'라며 당황했다고 말한다.

그래서 우선, 음료수와 생활폐수를 조사하기로 하였다. 그런데 시의 정수장을 방문하는 일에서부터 배움이 크게 전환하였다. 정수장에서 돌아온 교사와 아이들은 그 지역의 학구에 있는 집의 3분의 1밖에 하수도가 연결되어 있지 않다는 사실을 알고 깜짝 놀란다.

곧장 학부모도 참가하여 하수도의 실태를 조사하였다. 맨홀의 뚜껑에는 후지 산 마크가 들어가 있지만, 그 후지 산의 정상 방향으로 하수는 흐르고 있다. 그 표시를 단서로 하나의 맨홀로부터 다음 맨홀을 발견하여 지도상에 써넣어가자 지하의 하수도 지도를 한눈에 볼 수 있게 되었다.

조사결과 하수도가 정비되어 있는 곳은 처음 개척이 이루어진 학교 부근 지구일 뿐 다른 지구의 집에서는 모든 화장실 물이 각 집의 정화조에서 처리되고 있으며, 생활폐수는 처리되지 않은 채 강으로 흘러들어 간다는 사실을 알게 되었다.

그러면 왜 히로미 마을의 하수도는 정비되어 있지 않은 것일까? 교사와 아이들은 시청을 방문하여 조사하기도 하고, 하수도 시설과의 협력으로 맨홀을 열고 이상한 냄새를 내는 물의 상태를 조사하는 일과 학교 부근의 하수도 공사현장을 방문하여 작업하는 사람들의 이야기를 듣는 활동에 들어갔다.

그 결과 히로미 마을의 지반은 후지 산의 분화에 의해 큰 암석이 대부분을 차지하고 있으며, 하수도 공사가 용이하지 않았다는 점을 알게 되었다. 이 지역은 기복이 심한 곳이다. 경사진 곳에 있는 집에서는 하수도를 깊게 파지 않으면 간선의 하수로 이어지지 않는다. 급속한 주택지 조성으로 하수도의 정비가 늦어졌고 시의 도로계획이 하수정비를 곤란하게 만들고 있다는 것도 알게 되었다.

게다가 하수공사의 막대한 비용을 주민이 부담하기 힘들다는 어려움도 알게 되었다. 교사와 학부모와 아이들이 협동으로 추진한 '하수'의 배움은 지하에 매설되어 보이지 않는 하수도를 통해 이 마을의 보이지 않는 관계를 차례로 발견하는 배움으로 발전한 것이다. 교사 자신이 열중하여 배웠다고 말한다.

총합학습이 혼란하게 여겨지는 하나의 이유에는 총합의 의미를 교과의 총합으로 좁게 파악하는 경향이 있다. 교과횡단적이라는 말도 이 혼란을 조장하고 있다. 히로미 소학교의 하수를 주제로 한 총합학습에서 총합되고 있는 것은 아이와 지역의 총합이며, 교실과 지역의 총합이며, 교사와 아이의 총합이며, 교사와 학부모의 총합이다.

총합학습이 교과를 횡단하거나 총합하고 있는가 하는 것은 결과론이며 배움의 과정에서는 어떻게 되어도 상관이 없는 사항이다. 즉, 주제를 중심으로 하는 탐구적인 배움이 성립하면 되는 것이다.

덧붙여 말하자면, 이 히로미 소학교의 총합학습에서는 교육과정이 사전계획으로서가 아니라 배움의 경험의 흔적으로서 사후적으로 만들어지고 있다는 사실이 보다 더 훌륭하다. 그 자연스러운 전개로부터 총합학습이 성립되고 발전해 간다는 이치를 배우기 바란다.

총합학습을 창조하는 교사

미애 현 이세 시 다이죠 소학교 5학년 담임 오오니시 교사는 처음으로 총합학습을 시도하게 되었다. 지역을 몇 번이고 둘러본 후 오오니시 선생은 이 지역이 얼마나 많은 교재를 풍부하게 지니고 있는가를 확신하게 된다. 몇 번을 걸어 다녀도 신선한 발견이 넘쳐 났던 것이다.

우선, 인상 깊었던 것은 노인들이 생기 넘치게 생활하고 있다는 것이었다. 그 비밀은 이 마을 명물인 '녹미채'를 만드는 작업에 많은 노인들이 종사하고 있다는 데 있다. 조사해 보니 특색 하나 없어 보이는 평범한 바닷가 마을이 일본에서 소비되는 녹미채의 8할 이상을 생산하고 있었다. 그 사실을 알고 곧장 아이들과 총합학습의 실천을 개시하였다.

우선, '다이죠의 멋진 곳들을 찾아보자'라는 주제로 아이들을 그룹으로 나누어 지역을 돌아보고 느낀 점을 서로 발표하게 하였다. '동네 사람들이 친절하고 따뜻하다', '모두가 기분 좋게 인사를 주고받는다'는 작은 발견을 출발점으로 다음은 사람과 사람과의 끈끈한 정이 어디에서 생겨나고 어떻게 확대되어 가는 것인가를 탐색하는 활동으로 발전하였다. 아이들도 여러 차례 마을을 거니는 가운데 녹미채를 만드는 수많은 작은 공장과 도매상과 상점이 이 마을의 삶과 인간관계의 중요한 부분이 되고 있음을 알게 되었다. 급식에 녹미채가 나오면 거의 남기던 아이들이 동네의 명물이 녹미채라는 것을 알게 되자 녹미채 학습에 열중하게 되었다.

어업협동조합을 찾아가 녹미채의 역사를 배우고 이 동네의 녹미채가 일본 제일의 생산량을 자랑한다는 것과 그 출하되는 곳을 배우게 되었다. 그리고 나아가 녹미채 공장을 방문하여 녹미채의 종류와 제조법을 배우고 녹미채의 원료 대부분이 한국에서 수입되고 있다는 사실을 배운다. 지금도 국산 녹미채는 소량이지만, 수작업으로 생산되고 있다. 다이죠의 해안에서 채취된 국산 녹미채는 값이 비싸지만, 맛만큼은 확실히 뛰어나다. 그렇게 하나하나 발견한 사실이 세계를 하나하나 열어주고 있다. 그리고 마지막으로 녹미채 요리법을 배우고 이 단원을 마쳤다.

오오니시 교사는 자기 자신이 열중하여 즐거웠다고 말한다. 총합학습의 성공 여부는 무엇보다 교사 자신이 아이들과 함께 배움을 즐길 수 있느냐 하는 데 달려 있다고 생각한다. 아무리 제재가 훌륭하다고 하더라도 그리고 아무리 제재가 풍부하게 준비되어 있어도 아무리 지도안이 정교하게 짜여 있어도 교사 자신이 즐기면서 배울 수 없다면 아이들의 배움은 발전할 수 없다. 배움의 디자이너로서 교사는 무엇보다 먼저 자신 스스로가 좋은 학습자가 되어야 할 필요가 있다.

총합학습을 추진하는 교사에게는 그에 적합한 자질 같은 것이 있다고 생각한다. 한마디로 말하면 '사실'에 기초하여 '탐구'를 할 수 있는 자질이지만, 이 자질은 학생 시절을 우등생으로 보내온 교사보다는 오히려 학생 시절에는 공부가 싫었지만 대학이나 사회에서 배움의 즐거움에 눈을 뜬 교사에게 갖추어져 있는 것처럼 생각된다. 자동차회사를 그만두고 교사가 된 오오니시 교사는 그 전형이라 할 수 있다.

총합학습은 교사의 배움의 자질과 문화를 검토하는 것이다.

STORY 8
시민성 교육과 배우는 방식을 배운다

총합학습 과정을 교육과정의 위치에 두는 것에 대한 의의를 확실하게 해 두고 싶다. 결론적으로 말하면 의의는 두 가지이다.

하나는 시민교육으로서의 의의이다. 세계 각국에서 시민성 citizenship 교육에 대한 관심이 높아지고 있다. 지구 시민으로서의 시민성, 국민으로서의 시민성 그리고 지역주민으로서의 시민성. 이 세 가지 차원에서 '시민성 교육'이 논의되고 있다. 정보화 사회에의 대응, 환경문제에의 대응, 국제이해교육 그리고 복지교육이라는 총합적 학습시간의 4개 분야는 이 시민성 교육으로 자리매김할 수 있다.

지금까지 시민성 교육은 교과교육 가운데 사회과나 가정과, 이과, 도덕에서 부분적으로 추구되어 왔다. 그러나 시민성 교육을 본격적으로 추구하기 위해서는 교과교육만으로 불충분하다. 살아가면서 누구나 직면하는 문제나 현대사회에서 사람들이 직면하고 있는 문제, 나아가 지구 시민으로서 한 사람 한 사람이 세계적인 시야에서 생각해야 할 문제를 배움의 주제로 하여 추구할 필요가 있다. 총합적 학습시간의 '정보', '국제', '환경', '복지'를 이러한 요청에 부응한 것으로 이해한다면 이는 세계 교육과정개혁의 동향과 연동하는 것으로 자리매김할 수 있을 것이다.

총합학습의 또 하나의 의의는 '배우는 방법을 배운다learning how to learn'는 점에 있다. 과거 10년간 저자는 미국 전역에 걸쳐 각지의 학교를 방문하여 오픈 스쿨open school의 전통을 이어가는 교실을 관찰해 왔는데, 그러한 교실에서는 보통 교과학습의 과정과는 별개로 '테마학습'이라 불리는 총합학습의 과정이 조직되어 있었다. 테마학습에서는 특정의 주제를 연간 탐구하게 된다. 주제는 환경문제, 고래의 생태, 에스키모의 생활, 활엽수의 종류, 일본의 문화, 중세의 종교와 생활 등 실로 다양하다.

그 가운데에는 한방약, 메이플 시럽maple syrup 등 제법 특수한 테마를 설정하고 있는 교실도 적지 않다. 이러한 교실에서는 교실

안에 많은 자료를 준비하고 아이들은 각자의 관심에 맞추어 탐구 활동을 전개하며, 그 학습결과를 책으로 만들어 표현하는 활동을 추진한다. 그리고 이 테마학습의 중심적인 목적은 배우는 방법을 배운다는 점에서 찾아볼 수 있다.

이렇게 테마학습을 연간계획으로 교육과정에 조직하는 양식은 아동중심주의를 내세우는 미국의 학교에서는 한 세기 가깝게 지속적으로 실천되고 있다.

총합학습의 실천은 '배우는 방법을 배운다'는 것을 목적으로 하는 테마학습의 과정을 일본의 학교에서 실현하는 것이다. 그 실현의 열쇠는 총합학습의 과정을 사물과 대화하고 사람과 대화하고 자기 자신과 대화하는 배움의 실현을 목적으로 하여 조직하는 일 그리고 학습자료나 환경을 풍부하게 준비하여 '주제-탐구-표현'을 단위로 단원을 정성껏 조직하는 일에 있다.

총합학습이 배우는 방법을 배우는 과정으로서 정착되고 교과학습을 포함한 모든 교육과정이 배움을 중심으로 재조직되기를 기대한다.

STORY 9
정답이 없는 배움

　총합학습의 배움은 정답이 없는 배움이다. 하나의 물음이 해결되더라도 보다 더 큰 물음이 기다리고 있다. 몇 가지 사례를 통해 추구할 만한 가치 있는 배움의 모습을 소개하겠다.

　시가대학의 부속중학교는 이전부터 '비와 호'를 주제로 한 총합학습을 추진해 온 학교로 알려져 있다. 저자가 방문했을 때에도 지금까지의 '비와 호 학습'의 성과를 토대로 하여 다음 연구과제를 설정하는 회의가 전개되고 있었다.

　한 교실에서는 시가 현의 환경과 연구원이 초청되어 학생들의 질문에 답하고 있었다. 중학생의 질문은 비와 호 오염 원인이 생활폐수에 의한 것이라는 것을 알고 나서부터 대체 무엇을 조사하고 연구해야 할지 모르겠다라는 것이었다.

그 질문에 대하여 환경과의 연구원은 "학생은 비와 호의 오염의 주된 원인이 생활폐수에 있다고 하는 보도와 상식을 의심한 적은 없습니까?"라고 반대로 질문하였다. 이미 상식이 되고 있는 이 의견이 사실이라면, 이미 훨씬 전에 문제는 해결된 것이 아니냐 라는 것이 연구원의 의견이었다.

다른 교실에서는 스위스에서 환경보호를 추진해 온 사람을 초빙하여 환경보호를 어떻게 추진할 것인가를 둘러싸고 이야기하는 시간을 가지고 있었다. 학생들 의견의 대부분은 '자연에 부드럽게', '지구에 부드럽게'라는 정책 슬로건의 틀을 벗어나지 못했다. 이에 대하여 스위스에서 환경보호를 추진해 온 사람은 "자연으로부터 인간이 철수하는 것이 환경을 보호하는 것인가?"라는 질문을 던졌다. 그의 의견은 인간이 자연으로부터 철수하면 자연은 엉망이 되고 만다. 사실, 스위스에서 환경보호는 관광개발에 의해 가능하게 되었다고 한다. 관광지로 개발함으로써 산림의 난개발을 막고 동시에 자연을 보호하는 데에 필요한 방대한 자금을 관광산업으로 획득하는 일이 가능하게 되었다는 것이다. 과학기술의 개발과 산업개발을 환경파괴의 원인으로 생각하고 있었던 중학생들에게 있어서 이 발언은 신선했다.

'자연에 부드럽게', '지구에 부드럽게'라고 말하고 있는 동안 환경을 보호하는 것은 불가능하다. 사람들의 생활을 풍요롭게 하는 일과 자연과 공존·공생하는 길과의 조화를 찾아내지 못하면서 환경을 보호할 방도를 찾아내기란 불가능이다. 과학기술의 개발이나 산업개발을 적대시하고 있어서는 아무런 해결도 되지 않는다는 것이다.

그리고 또 다른 교실에서는 환경문제와 국제이해를 주제로 인도 유학생을 초청하여 서로 이야기를 나누는 시간이 마련되었다. 여기에서도 심각한 문제가 거론되었다.

인도 유학생은 일본에 온 이후 일본인의 편견과 무이해 때문에 괴로웠다고 털어놓으면서 오늘과 같이 교실로 일방적으로 초청하여 이야기를 듣고 국제이해를 깊이 있게 하자라는 국제교육의 방법 그 자체에 문제는 없는가라며 중학생들에게 추궁하고 있었다. 국경을 넘어서면 서로가 쉽게 이해할 수 없는 어려움도 있음을 잘 생각해 주기 바란다는 호소였다.

그렇다. 총합학습은 정답이 없는 배움이다. 안이한 평가나 결론은 주의해야 할 사항이다.

STORY 10
현실로부터 배운다

종합학습의 최대 매력은 무어라 해도 살아있는 현실로부터 배우는 점에 있다. 도쿄 도의 한 중학교 3학년 교실에서는 '장애우에게 배운다'라는 주제로 같은 구내에 사는 맹인 여성을 교실에 초대하여 장애우의 생생한 현실로부터 배우고 점자를 배워 점자 번역의 자원봉사활동을 하는 학습을 전개하였다.

학생들은 먼저, 블라인드 워크blind walk를 체험하고 장애우와 만났지만 그 만남은 충격적이다. 전맹인 그녀는 방울이 들어있는 공으로 테니스를 즐겨하는데, 그 실력이 너무나 훌륭하여 테니스부의 중학생도 그녀를 이기지 못했다. 이 체험을 통해서 학생들은 장애우에 대하여 어떤 능력이 열등하여 도움이 필요한 사람으로 보는 차별적인 생각을 반성하게 되었다. 장애도 하나의 개성이며, 장애우 한 사람 한 사람은 독자적인 세계를 살고 있는 사람인 것이다.

점자학습도 감동적이다. 점자를 배운 중학생들은 각자 자기 이름과 그녀에게 줄 메시지를 한마디씩 점자로 기록하여 직접 그녀에게 읽어달라고 하였다.

소리 내어 읽어주는 그녀 앞에서 '감사합니다'라는 말을 듣게 되자 대부분의 학생이 자신의 점자가 그녀에게 전해졌다는 기쁨으로 눈물을 글썽였다.

여기에는 사람과 사람과의 말에 의해 서로 마음을 통하게 하는 기쁨의 원점이 있다. '장애우에게 배운다'를 주제로 한 총합학습은 학생들에게 자신의 사고방식과 느낌과 삶의 방식을 체득하는 배움이 된 것이다. 현실로부터 배우는 총합학습의 훌륭함이 바로 여기에 있다.

거절하는 노인   때에 따라서는 예상치 못한 총합학습과 만나는 일도 많다. 어느 중학교에서는 '노인복지'를 주제로 하여 가까운 노인시설에서 자원봉사활동을 체험하는 총합학습을 전개하였다. 알츠하이머병의 노인들이 다수 보호치료를 받고 있는 노인시설이다. 학생들은 자기들이 무엇을 할 수 있을 것인지를 서로 이야기한 후 트럼프 놀이를 통하여 대화를 촉진하거나, 숟가락과 젓가락을 이용하여 밥 먹는 일을 돕거나, 옛날의 그리운 동요를 부르면서 대화를 촉진하였다. 그러나 그 관계는 일방적이었으며 차마 눈뜨고는 못 볼 상황이었다.

어떤 노인도 아이들의 돌봄과 개입을 반기지 않았다. 트럼프를 건네도 무시했으며, 말을 걸어도 입을 다물었다. 숟가락이나 젓가락을 입가에 가져가자 얼굴을 돌려버리고 자신의 젓가락으로 먹는 것 외에는 일체 먹으려 하지 않는다.

그렇게까지 확실하게 거절하는데도 불구하고 학생들은 무엇이든 돕고 싶다고 쉴 틈 없이 끼어들었다. 교사 측도 완전히 무관심하여 마지막에는 "어떻게 도와드렸습니까?"라고 묻고 학생들의 활동을 노트에 정리하도록 하였다.

왜 이 교사는 알츠하이머병에 걸린 노인들의 곁에 가만히 앉아 같은 시간을 경험하도록 학생들에게 요구하지 않았는가? 살아있는 사람으로부터 배우고 살아있는 현실로부터 배우는 일이야말로 총합학습의 원점일 것이다. 이 원점을 잃어버린 총합학습은 엉뚱한 결과를 가져올 뿐이다.

총합학습이 학생들의 편견이나 차별을 강화할 위험 또한 결코 적지 않다. 교사는 우선 자신의 편견이나 차별을 극복하는 일로부터 출발해야 할 것이다.

STORY 11

'자주성 · 주체성'이라는 기만

어느 소학교 5학년 교실이다. 지역의 산업에 대해 현장학습을 한 후 아이들 한 명 한 명이 각자 주제를 정하여 조사계획을 세우고 개인별 학습을 전개하고 있었다. 어떤 아이는 지역 상점가의 일본 전통과자 만들기를 주제로 학습계획을 세우고, 또 어떤 아이는 채소 가게에 들어오는 상품의 산지를 조사하는 계획을 세웠다. 이 교실만이 아니라 총합학습에서는 아이들 한 명 한 명의 흥미나 관심을 중심으로 개인별로 과제를 수립하게 하여 '자주적 · 주체적'으로 학습활동을 수행시키는 실천을 종종 볼 수 있다.

하지만 그러한 교실을 자세히 관찰하면, 일부 아이들은 예측해 가면서 활발하게 학습활동을 전개하지만, 많은 아이들은 표면적인 활동으로 시종일관하거나 함부로 대충대충 하는 식의 조사활동으로 제자리걸음 상태이거나 과제는 설정했지만 학습계획을 세우지 못해 학습의 방향을 잃고 잡담에만 흥미를 가지고 하는 일 없이 시간을 보내는 경우가 많다.

교실에 이지매나 폭력이 발생하는 것은 이러한 시간이다. 학습이 잘 진행되지 않는 아이나 학습의 방향성을 잃고 하기 싫어진 아이는 그 허무함과 무력함을 메우기 위해 장난을 치거나 폭언을 하게 된다. 이렇게 혼란한 총합학습의 광경을 전국의 소·중학교에서 몇 번이고 보아 왔다.

교사의 책임 왜 혼란해지는 것일까? 그 책임은 물론 교사에게 있다. 이러한 교실의 교사는 아이들이 '자주적·주체적'으로 과제를 설정하여 아이들 한 사람 한 사람이 자주적·주체적으로 스스로의 힘으로 해결하는 학습이 우수한 총합학습이라고 굳게 믿고 있다. 그 때문에 활동 전에 계획을 쓰게 하거나 활동 후에 반성을 쓰게 하는 지도에는 열심이다. 하지만 중요한 제재의 발전 방향에 대해서는 교사 자신이 풍부한 아이디어를 준비하고 있지 않을 뿐만 아니라 많은 아이들이 방향을 잃고 곤란해하고 있다는 사실에도 신경을 쓰고 있지 않다. 아이들의 자주성·주체성을 강조하는 것은 듣기에는 좋지만, 요컨대 배움의 성립을 아이들 한 명 한 명의 능력과 노력에 맡기고 있으며 보다 단적으로 말하면 무책임한 것이다.

아이들 개개인이 스스로 계획을 세워 자력으로 해결하는 배움은 학교에서 조직해야 할 배움이 아니다. 학교는 교사의 도움이나 친구와 협동함으로써 자기 혼자서는 달성할 수 없는 수준 높은 배움을 실현하는 장소이다.

총합학습도 예외는 아니다. 아이 한 명 한 명의 '흥미'나 '관심'을 존중하는 것은 중요한 일이지만, 그것은 자주성이나 자력해결로 환원하기 위해서가 아니라 교사의 도움 아래 혼자서는 달성할 수 없는 것을 협동적인 배움으로 조직하기 위해서이다. 아이들의 자주성·주체성이라는 미명의 뒷면에 교사의 무책임이라는 기만이 숨겨져 있다는 사실을 간과해서는 안 된다.

총합학습에서는 주제나 내용의 발전성에 대한 방향성이 결정적인 만큼 한 명 한 명의 배움을 디자인하는 교사의 책임 있는 관계가 중요한 것이다.

'공부'로부터 '배움'으로의 전환

총합학습은 교육과정개혁의 돌파구이다. 총합학습은 주당 2, 3시간에 불과하다. 총합학습에서 창출된 배움이 교과학습 개혁으로 이어질 때 비로소 총합학습 실천은 교육과정 전체의 개혁을 이끌어갈 수 있게 된다. 반대로 말하면 총합학습이 아무리 활발하게 전개되더라도 교과학습의 개혁이 추진되지 않으면, 교육과정개혁은 결실을 얻을 수 없을 것이다. 일상의 교과학습개혁이야말로 중심과제인 것이다.

교과학습개혁의 중심적인 과제는 한마디로 말하면 공부로부터 배움으로의 전환에 있다. 지금까지 학교교육은 주어진 교과서 내용을 효율적으로 습득하여 시험을 준비하는 공부문화에 지배되어 왔다. 공부는 어떤 것과도 만나지 않으며, 누구와도 어떤 일에 대해서 대화하지 않고, 좌학座學에 의해 오직 뇌 시냅스의 결합을 도모하는 활동이었다. 따라서 공부를 '지식편중'이라고 말하는 것은 잘못이다. 대상과 경험과의 관련을 잃고 맥락을 잃고 의미의 관련을 잃은 지식은 더 이상 지식이 아니다. 정보라고 하는 편이 정확하다. 공부에서 지식은 정보로 바뀌고, 의미를 구성해야 할 경험은 활동 그 자체를 의미하는 체험으로 바뀌어 있다. 이 공부를 어떻게 배움으로 전환할 것인가가 총합학습에서도 교과학습에서도 중핵적인 목적이 되어야 할 것이다.

공부를 배움으로 전환하는 첫 번째 과제는 '매개된 활동'을 조직하는 일이다. 공부가 좌학에 의한 뇌 시냅스의 결합인 것에 비하여 배움은 사물과 도구와 소재와 사람에 의해 매개된 활동이다. 관찰하고 조사하고 실시하고 토의하고 표현하는 구체적인 작업이 수업에 조직되지 않으면 안 된다. 매개된 활동을 조직하는 일은 교실에 배움이 성립하는 첫 번째 요건이다.

공부를 배움으로 전환하는 두 번째 과제는 '협동(모둠 활동)'을 실현하는 일이다. 공부는 개인적 활동이지만, 배움은 협동적 활동으로 성립한다. 지금까지 자립해결이나 자학자습을 내건 공부문화에서는 누구의 도움도 빌리지 않고 혼자 힘으로 문제를 해결하는 것이 좋은 학습으로 여겨져 왔다. 그러나 배움의 문화에서는 타자의 다양한 아이디어를 적극적으로 수용하고 자신의 아이디어를 아낌없이 제공하여 서로 배우는 '호혜적인 배움reciprocal learning'이 추구되어야 한다. 배움은 하나하나가 서로 부딪치면서 다시 맞추어 가는 것을 수행하는 '협동'을 통해서 실현되는 것이다.

 공부를 배움으로 전환하는 세 번째 과제는 지식이나 기능을 '획득'하여 '정착'시키는 학습에서 '표현'하고 '공유'하는 학습으로 이행시키는 일이다. 배운 것을 표현하고 친구와 공유함으로써 아이들은 지식이나 기능을 반성적으로 음미하고 확실한 것으로 만들어 갈 수 있다. 표현과 공유에 의한 반성적인 사고는 배움의 최대 추진력이다. 활동적이고 협동적이고 반성적 배움의 실현이 교육과정 개혁의 과제인 것이다.

STORY 13
활동적이고 협동적인 배움

교실에서 교육과정개혁을 추진해 갈 때 '활동적이고 협동적이고 반성적인 배움'이란 대체 어떠한 배움을 말하는 것일까? 그 구체적인 예를 묘사해 보겠다.

도쿄 도 미타카 시의 소학교 교사인 하라다 씨의 3학년 교실이다. 산수의 분수는 어려운 교재의 하나이다. '비율분수'와 '양분수'와의 관련이 어려운 요인이 되고 있지만, 이 곤란을 해결할 만한 설득력 있는 교재를 찾아낼 수가 없다. 하라다 씨는 망설이면서 분수에 대한 도입 부분의 수업을 개시하였다. 우선, 책상을 걷어치우고 동그랗게 둘러앉아 서로 의견을 교환하기로 했다. "분수란 '할합割合'이라고 하는데 '할割'이라는 것이 대체 뭘까요?"라고 질문하자, 바로 아이들이 "알아요. 컵을 깨다", "접시를 깨다"라고 저마다 발언한다. "그것이 분수일까?"라며 하라다 선생이 묻자 모두 입을 닫아버린다.

그러자 구구셈이 서툴러 나눗셈을 못 하는 아리가 "나는 알고 있지"라며 말하기 시작한다. 아리는 형제가 여섯 명으로 저녁 식사 때 반찬을 나누는데, 언제나 언니가 먼저 전체를 반으로 나누어 아버지와 어머니와 할아버지와 할머니의 4인분으로 나누고 나머지 반을 형제 6명으로 나눈다는 것이다. 아리는 이 일에 참가하고 싶지만 "아리는 분수를 모르지?"라는 말 때문에 참가할 수 없다고 말한다. 그리고 언니가 약삭빨라서 언제나 자신이 손해 보고 있다라는 말에 교실은 웃음바다가 되었다.

그리고 "반찬 분수다"라는 한 남자아이의 목소리에 이어 "우리 집은 삼형제" "우리 집은 네 명" "우리 집은 나 혼자"라며 각자 자기 집의 반찬 분수를 실연하게 되었다. 매번 몇 명씩 모둠을 만들어 반찬 분배를 행하는 것이다. 그동안 아리는 필사적으로 구구셈을 연습하고 있다. 휴식시간에도 철봉에 매달려 구구셈을 외우고 있다. 반찬 분수에 참가하기 위해서는 구구단이 필요하기 때문이다.

하라다 씨는 아이들의 분수 활동을 지속시키기 위해 단원에서 벗어나 있는 대분수도 계속하여 다루기로 했다. 그리고 수업은 나누어 나머지가 남는 분수 부분까지 왔다. 여기에서도 아리는 반찬 분수의 생각으로 발언하고 있다. "남는 것은 언제나 아버지와 오빠"인 것이다. 이 생각은 급식의 반찬 분수 활동에서도 남은 밀감을 나누는 방법으로 확인되고 있다.

그리고 교과서의 분수 수업이 끝나자 하라다 선생은 이 단원의 도입단계에 나온 '컵을 깨다', '접시를 깨다'는 분수인가라는 문제를 아이들에게 던졌다. 집단으로 나누어 실제로 컵을 깨고 접시를 깨어 확인해 본다. 약 100분의 1의 파편, 10분의 1의 파편으로 분류하여 모두 합하여 확인해 본다. '컵을 깨다', '접시를 깨다'도 총합이 하나의 분수인 것이다.

이 같은 실천에서도 '활동적이고 협동적이고 반성적인 배움'의 생생한 전개 모습을 볼 수 있다.

협동적 탐구를 조직한다

후쿠시마 현 코오리야마 시의 긴토 소학교 구다노 선생의 이과 수업이다. 4학년 아이들이 '구름이 생기는 법'을 실험으로 확인해 보기로 했다. 삼각 플라스크 안에 물을 넣고 끓어오르게 하여 플라스크 상부의 유리관으로부터 나오는 수증기를 관찰하는 실험이다. 한 남자아이의 '공기 속의 수분이 차가워져 물이 되어 구름이 된다'라는 의견을 받아들인 실험이다. 구다노 선생은 이 '구름이 생기는 법'을 물질의 상태 변화를 인식하는 하나의 사례로서 그리고 앞 단원에서 행한 하천 관찰의 발전학습으로 자리매김해 놓고 있다.

조금 지나자 플라스크의 물이 끓어오르고 유리관에서 수증기가 분출되었다. "연기가 나온다"라고 발언하는 아이, "연기가 아니라 김이다"라고 하는 아이, "김이 희게 되었다"라고 말하는 아이, "저 김을 바로 수증기라고 한다"고 말하는 아이. 제각기 자신이 발견한 것을 각자의 말로 표현하고 있다.

이 과정에서 흥미 깊은 것은 한 사람 한 사람의 발견과 말이 교실 안에서 연쇄적으로 만들어지고 있다는 것이다. 예로 처음에 '앗, 앗'이라며 목소리를 낸 것은 구다노 선생이다. 이 '앗, 앗'이라는 목소리는 산만하게 실험을 하는 것이 아니라 발견적으로 실험 과정을 관찰하는 태도를 보여준 것이었다. 그런데 이 구다노 선생의 '앗, 앗'이라는 술수 아닌 술수가 보람으로 나타나 여기저기에서 '앗, 앗'이라는 목소리가 나오고 잇달아 발견된 사항이 말로 표현되고 있다.

연기, 김, 수증기라는 말의 연쇄도 중요하다. 수증기라는 개념은 일부 아이들 가운데에서 나온 말에 불과하지만, 나중에는 모든 아이들이 수증기라는 말을 사용하고 그것을 한 사람 한 사람이 자기의 말로 만드는 과정을 볼 수 있다. 이처럼 과학적인 인식은 먼저 협동적인 관계(의사소통) 속에서 성립되어 그다음에 한 사람 한 사람에게 개성적으로 내화되는 것이다.

실험을 통해 '수증기가 차가워져서 김이 된다'는 것을 확인한 아이들은 교실 앞에 모여 관찰에서 생긴 흥미 깊은 물음을 탐구하기 시작했다. 플라스크의 물이 있는 곳과 유리관의 출구까지의 부분에 수증기가 있는가 하는 물음이다. 즉, 수증기는 투명하다는 것과 수증기가 공기 속에 포함되어 있다는 것에 대한 탐구이다. 아이들은 유리관 부분에 물방울이 생겨 있다는 것으로부터 플라스크의 물과 유리관 사이의 공기에 수증기가 포함되어 있다는 것을 확인하고 나아가서는 유리관 앞의 김이 사라진 부분에도 수증기는 있음을 확인하고 있다. 그리고 구다노 선생은 교실 천장 부분의 공기와 교실 밖의 공기에도 수증기는 포함되어 있음을 아이들과 확인하고 수업을 끝냈다.

이렇게 사물과 대화하고 친구와 대화하는 협동적인 탐구는 과학에서 배움의 본질적인 과정이 무엇인가를 보여준다.

대화를 통해 깊어지는 배움

'서릿발은 왜 생기는 걸까?' 이 물음을 두고 신슈대학 부속 소학교 5학년 아이들의 이과학습이 전개되고 있다.

'추우니까 서릿발이 생긴다'라는 것이 소박한 생각이다. 실험으로 물이 섞인 흙이 든 비커를 냉장고에 넣어 차게 해 본다. 그러나 이 방법으로는 서릿발이 생기지 않는다. 너무 차게 되면 흙의 수분이 얼어버려 서릿발은 생기지 않는 것이다. 다음에 아침 일찍 일어나 실제로 서릿발이 생기는 모양을 관찰하자 서릿발이 생기는 것은 땅속의 온도가 영도 이상이고 대기 온도가 영도 이하일 때 생긴다는 것을 알게 되었다. 즉 서리는 대기 중의 수분이 얼어서 나타나는 현상인데 비하여 서릿발은 땅속의 수분이 얼음으로 결정하는 현상인 것이다.

거기에서 아이들은 '흙과 서릿발의 관계'에 대해서 조사하여 실험하기로 했다. 이른 아침 학교 주변을 조사하여 서릿발이 생긴 곳의 흙과 서릿발이 생기지 않는 곳의 흙을 채취하기로 하였다. 서릿발이 생기지 않는 곳의 흙은 '운동장 흙'과 '밭 흙', 서릿발이 생긴 곳의 흙은 '백네트 뒤의 흙'이다.

곧장 이과 수업 시간에 모둠으로 나누어 이 세 가지 흙의 샘플을 사용하여 흙에 물이 스며들고 나는 방법을 조사해 보기로 했다. 구멍이 뚫린 시험관에 흙을 채우고 물속에 넣어 물이 침투하는 모습을 관찰하는 실험이다. 밭의 흙은 거칠고 빈틈이 많아 물은 젖은 부분밖에 침투하지 않는다. 그러나 운동장의 흙과 백네트의 흙은 어느 쪽도 다 점토질의 잔 흙이기 때문에 같은 속도로 물이 침투한다. 이것만으로는 왜 운동장의 흙에서는 서릿발이 생기지 않고 백네트 뒤의 흙에서는 서릿발이 생기는가를 알 수 없다.

한 모둠이 중요한 발견을 하였다. 운동장의 흙은 밟아 다져져서 딱딱한데 비해 백네트 뒤의 흙은 밟히지 않아서 부드럽다고 말한다. 그 생각에 따라서 운동장 흙의 샘플을 딱딱하게 만들어 실험하자 물은 조금밖에 침투되지 않는다. 즉, 백네트 뒤의 흙은 부드럽고 모세관 현상에 의해 물의 침투가 좋아서 서릿발을 만드는 조건을 갖추고 있다는 것이다.

수업 중에 가타오카 선생은 '흙에 물이 스며드는 방법'을 주제로 삼고 있다. 흥미 있는 것은 실험과 관찰과 서로 이야기하는 과정에서 아이들은 '물이 스며드는 방법'이라고 하는 말의 표현으로부터 '물이 스며 올라가는 방법'이라는 말의 표현으로 이행해 있다는 점이다. 누군가가 끄집어낸 '물이 스며 올라가는 방법'이라는 말을 수업의 마지막에 가서는 거의 모든 아이가 공유하고 있었던 것이다.

이러한 곳에서 협동적인 탐구의 의의를 볼 수가 있다. '물이 스며 올라가다'라는 표현은 '서릿발이 생기는 방법'을 설명하는 적확한 표현이 되고 있다. 영도 이상의 대기에 접하면 땅의 표면에 얼음이 생기고 땅속 흙의 수분이 모세관 현상으로 스며 올라감으로써 땅표면의 얼음 결정이 성장하여 서릿발이 생기는 것이다.

사물(대상 세계)과 대화하고, 타자(친구)와 대화하고, 자기와 대화하는 배움은 이렇게 실험이나 관찰을 매개로 하여 협동적인 탐구 과정으로 실현되는 것이다.

STORY 16
학교를 기초로 한
교육과정 만들기

교육과정 만들기는 구체적으로는 교내에서 교사가 협동으로 추진하는 실천적 연구에 의해 수행된다. 교육과정 만들기는 계획 만들기가 아니라 교실에서의 일상적인 배움의 창조를 교내에서 교류하고 서로 공유하는 활동이다. 교내에서의 수업실천 경험의 교류와 축적이 '배움의 이력'으로서의 교육과정 만들기의 구체적인 과정이다. 그러나 어느 학교에서나 교내연수를 실시하고 있지만, 교육과정 만들기로서의 성과를 올리고 있는 학교는 적다. 왜 그럴까?

어느 학교나 교내연수를 하고 있지만, 그 대부분이 형식화되어 있다. 먼저, 이야기되는 말이 추상적이다. 아이들의 배움의 구체적인 사실이나 실천자의 이상이나 발견이나 당황의 구체적인 감정이 표현되지 않는 연수가 너무 많다. 한마디로 말하면 지루하고 재미없다는 것이다.

예를 들면, 무엇 때문에 책자나 프린트물을 인쇄하는 것일까? 아무것도 준비할 필요가 없으며, 아무것도 인쇄하지 않아도 되는 것 아닌가? 교실에서 창조되는 배움의 사실 이외에 아무것도 요구할 필요가 없다. 수업연구에서 무엇보다 중요한 것은 참관한 교실의 사실을 생생하게 서로 이야기하고 수업의 재미있는 점과 어려움을 서로 이해하는 일이다. 창조적인 실천과 연구에서 가장 필요한 것은 교실에서 일어난 많은 것을 서로 공유하는 참신하고 아름다운 정신이다.

학교에서 교육과정 만들기를 추진하는 최대의 조건은 교내의 모든 교사가 적어도 일 년에 한 번은 교실을 동료에게 공개하고 연구수업을 행하는 일이다. 보통, 어느 학교에서나 연 3회 정도는 연구수업을 행하고 있다. 하지만 그 정도의 연수로 학교가 바뀐 예는 없다.

그러나 교내의 교사가 한 사람도 빠지지 않고 한 번 이상 수업을 공개하여 실천 경험을 교류하고 서로 비평하는 학교는 어느 학교나 착실하게 수업을 개혁하고 교사의 협동으로 교육과정 만들기가 실현되고 있다. 이러한 착실하고 견실한 방법 이외에 교육과정 만들기를 유효하게 달성할 수 있는 방법은 없다. 교육과정 만들기는 모든 교사가 교실을 열고 배움의 경험을 교류하고 서로 비평하는 창조적이고 협동적인 작업이다.

교내의 모든 교사가 수업을 공개하고 서로 비평할 것을 요청하면 많은 교사들이 "그럴 시간이 없다", "이 이상 더 바빠지는 것은 싫다"라고 말한다.

그러나 실태는 완전히 반대다. 저자가 관계하고 있는 학교의 대부분은 연간 50회 이상 연구수업을 하고 있지만, 교사들은 다른 학교 교사 이상으로 차분히 실천에 몰두하고 있으며 빨리 일을 끝내고 귀가하고 있다. 동료 관계는 기분 좋은 관계로 바뀌고 있으며, 배움의 창조에 열중하고 있기 때문에 교사들이 부드럽고 개성적이다. 쓸모없이 폼 잡는 것에서 해방되어 있는 것이다.

교육과정 만들기에서 필요한 것은 경직된 두뇌가 아니라 부드러운 신체이며 동료와 협동으로 수행하는 손수 만든 쾌락인 것이다. 동료와의 연수에 의해 하나하나의 교실에 손 흔적이 남는 교육과정이 생겨날 때 학교와 교실은 신선함과 아름다움을 회복하게 될 것이다.

STORY 17

총합학습으로부터
교육과정 창조로

학교와 지역과의 연대를 도모해 가면서 총합학습으로부터 교육과정 만들기를 발전시킨 중학교의 실례를 소개하겠다. 니가타 현 나가오카 시의 미나미 중학교의 실천이다. 미나미 중학교에서는 1998년 9월부터 배움을 중심으로 한 수업을 창조하는 돌파구로 지역 역사를 조사하고 연극으로 표현하는 총합학습을 시작하였다.

계기가 되었던 것은 히라자와 교장이 부임한 직후부터 개시한 학생들과의 '대화집회'였다. 이 학교는 등교를 거부하는 학생이 많고 일반 중학교와 마찬가지로 교사의 열성적인 생활지도와 특별활동 지도에도 불구하고 수업은 침묵이 지배하고 비행과 폭력 사건도 일어나고 있었다. 매월 열리는 교장과 학생의 대화집회는 침묵 가운데 숨은 학생의 목소리를 이끌어내어 대화로 수업을 바꾸는 통찰을 교사들에게 보여주는 것이 되었다.

총합학습은 '주제와의 대화', '지역 사람이나 친구와의 대화', '자신과의 대화'라는 세 가지 대화적 실천으로서의 배움, 즉 '제재와의 대화', '타자와의 대화', '자기와의 대화'를 수행하는 배움을 실현하는 돌파구가 되었다. 나가오카 시는 무진戊辰전쟁(역주-1868년 1월부터 다음 해 5월에 걸쳐 유신정부군과 구 막부파 사이에 일어난 내전)과 제2차 세계대전이라는 두 전쟁으로 초토화된 역사가 있다. 그 전쟁과 부흥의 역사를 지역에 사는 사람들과의 만남을 통하여 조사하고 서로 이야기하며 표현하는 활동이 한 학급씩 확대되어 갔다.

이 총합학습의 실천은 이윽고 지역의 학부모와 시민의 참가를 촉진하는 것이 되었고 '제재와의 대화', '친구와의 대화', '자기와의 대화'에 의한 배움의 창조와 교사와 부모가 연대하여 수업을 만드는 학습참가의 방식은 총합학습 영역뿐만이 아니라 일반 교과수업에도 확산되고 있었다.

교사들은 저마다 수업에서 '서로 듣는' 관계 만들기를 추구해가면서 지금까지 발언하지 않았던 학생들도 점점 작은 차이를 서로 받아들이며 생각과 생각을 서로 조정해 가게 되었다. 그 과정에서 한 학생의 성장을 기록한 작문은 문부대신상을 받게 되었고, 이 학교를 무대로 하여 학생들이 출연하는 영화 만들기로 발전하였다.

지역의 역사를 주제로 하는 총합학습에서 출발한 미나미 중학교의 교육과정 만들기는 2년째부터는 '조사하고 사고하고 표현하는'배움을 실현하는 교과학습개혁으로 결실을 맺어갔다. 교사들은 '대화(서로 들어주기)'에 의한 서로 배우는 수업을 창조하기 위해 교실을 동료에게 열고 수업을 서로 비평하고 실천의 경험을 교류하며 축적하였다. 그리고 2000년 2월, 미나미 중학교는 대화적인 배움의 창조를 추구한 총합학습의 실천과 교과학습의 실천을 지역 내의 교사들에게 보여주는 공개연구회를 열었다.

어느 교실을 방문하여도 학생들은 밝고 진지하고 성실하게 서로 배우고 있었다. 2년 전만 하여도 30명을 넘던 등교 거부 학생이 3월 말에는 불과 3명으로 격감하였다. 학력도 시내의 상위권 수준에 이르렀다. 개혁이 조금씩 성과를 올리게 됨에 따라 교사와 학부모가 협동하는 학습참가의 노력도 활성화되어 이에 협력하는 부모와 시민의 수도 늘어갔다.

총합학습으로부터 교육과정 만들기를 발전시킨 미나미 중학교의 노력은 배움의 공동체를 중학교에 형성한 훌륭한 개혁 실례이다.

'배움의 공동체'로서의 학교

학교를 배움의 공동체로 개혁하는 노력이 진전되고 있다. 배움의 공동체로서의 학교란 아이들이 서로 배우고 성장할 뿐만 아니라 교사들도 교육의 전문가로서 함께 배우면서 서로 성장하고 부모와 시민도 배우면서 서로 성장하는 장소로서의 학교이다. 배움의 공동체의 대표적인 파일럿 스쿨pilot school인 가나가와 현 치가사키 시의 하마노고 소학교를 소개하고 21세기 학교에의 지침을 제시하겠다.

배움을 디자인하고 교육과정 만들기로 결실을 맺는 교사의 일은 교사들의 협동사업이다. 하마노고 소학교에서는 각 교실에 활동적이고 협동적이고 반성적인 배움을 창조하는 실천을 추진함과 더불어 그 실천의 교류와 공유를 통해서 교사가 전문가로서 자율적으로 서로 성장하는 동료성collegiality 구축을 개혁의 중심적인 축으로 하고 있다. 배움의 창조와 교육과정 만들기가 동료성 구축을 중심축으로 추진되고 있는 것이다.

동료성을 구축하는 최대의 추진력은 교사들이 서로 교실을 공개하고 서로 비평하는 수업의 사례연구에 있다. 이 학교에서는 수업의 사례연구를 교사의 주된 일의 하나로 자리 잡게 하기 위해서 조직과 기구를 대담하게 개혁했다.

하마노고 소학교는 규모가 큰 학교이지만, 월 두 차례의 직원회의와 매주 개최되는 학년회 이외에는 일체의 회의가 없다. 오오세 교장의 명안인 '1인 1분장' 시스템에 따라 분장이나 위원회의 회의를 전부 폐지하고 있기 때문이다. 이 기구개혁에 따라 교사들은 빈번한 회의와 잡무로부터 해방되어 근무시간의 80% 가까이를 수업과 수업준비, 교재연구, 교내연수에 충당할 수 있게 되었다.

수업의 사례연구는 매월 열리는 교내연수와 주별로 실시되는 학년회 연수와 연구테마나 교과별 집단연수에 의해 축적되어 왔다. 개교 이래 지금까지 매년 100회 이상의 수업의 사례연구를 거듭해 왔다. 개교 1년째가 되던 1999년과 다음 해인 2000년도에는 연수의 중심을 교실에서 서로 듣는 관계를 구축하는 일, 교사와 학부모가 협력하여 수업을 행하는 학습참가 방식을 정착시키는 일에서 찾았다. 그리고 개교 3년째부터 드디어 배움을 중심으로 한 교육과정 만들기가 교과학습에서도 총합학습에서도 본격화되었다.

교육과정 만들기는 교사의 협동작업이다. 하마노고 소학교에서는 교실에서의 배움의 창조와 교내연수에서 수행되는 수업의 사례연구가 교육과정 만들기의 구체적인 과정으로서 이해되고 있다. 이 학교에서 교육과정은 '배움의 이력'이며 하루하루의 실천과 연수에 의해 년도 말에 결과로서 완성되는 것이다.

따라서 하마노고 소학교에서 창조되고 있는 교육과정은 아이들의 배움에 대한 경험의 발자취이며, 동시에 그 서로 배우는 과정에서 엮어져 가는 아이(사람)와 아이(사람)의 관계의 발자취이며, 동료성을 기반으로 하여 달성되는 교사의 배움의 발자취이다. 이 배움과 수업과 연수를 일체화한 창조적인 활동이 미래 학교로의 가교를 준비한다.

PART 4
학교개혁의 도전
소·중학교의 실천

수업은 다양한 생각을 서로 울려 퍼지게 하는 활동이지만, 동시에 한 사람 한 사람의 개인에 대응하는 활동이기도 하다. 모둠으로 활동을 하고 있을 때에도 교실을 이리저리 돌아다니지 않고 도움을 필요로 하고 있는 아이의 책상 옆에 다가가 그 아이의 생각과 이미지에 귀를 기울이자. 종종 교사들은 '여러분'이라는 말로 아이들을 부르지만, 교실에 '여러분'은 존재하지 않는다. 존재하는 것은 이름과 얼굴을 가진 한 명 한 명의 아이이다. 교실의 집단 전원을 대상으로 하여 이야기를 걸 때에도 그 밑바탕에는 한 사람 한 사람 개인과의 관계가 존재하지 않으면 안 된다. 같은 눈높이로 서서 시선을 교환하는 관계가 교육의 기본이다.

코오리야마 시 긴토 소학교
서로 배우면서 성장하는 관계의 창조

긴토 소학교는 코오리야마 시에서 가장 오랜 전통을 지닌 학교이며, 무엇보다 선견지명이 있는 실천을 탐구해 온 학교이다. 저자가 이 학교를 방문하여 놀란 것은 이 학교가 30년간 매년 자주적으로 공개연구회를 개최해 왔다는 것이다. 창조적인 학교 만들기를 30년간에 걸쳐 지속해 온 것이다.

그렇다. 30년 전만 하여도 자주적으로 수업을 공개하는 거점교가 전국 각지에 다수 존재하였다. 그러한 학교는 독자적인 수업양식을 제공하고 교재를 개발하여 각각의 지역에서 수업창조와 학교개혁을 주도하는 역할을 완수해 왔다. 그러나 오늘날 교사들이 서로 성장하는 센터로서 자주적으로 수업을 공개하는 학교는 적다.

이 30년 사이에 각지의 거점교는 그 대부분이 자취를 감추고 말았다. 오늘날 학교의 가장 심각한 위기는 교사들이 전문가로서 서로 성장하는 거점교를 상실했다는 데 있다.

코오리야마 시 긴토 소학교는 30년이 넘는 세월 동안 계속적으로 수업을 공개해 온 아주 드문 학교의 하나이다. 역대 교장과 교사들의 그야말로 금속처럼 투철한 수업개혁에 대한 뜨거운 열정이 없었더라면 그리고 20년 이상에 걸쳐 이 학교의 연수를 뒷받침해 온 전前 코오리야마여자대학교 교수이자 교육철학자인 하세가와 씨의 불굴의 비평정신과 하세가와 씨의 일을 이어받은 쇼지 씨의 정성이 없었더라면, 이 학교의 공개연구회는 지속될 수 없었을 것이다.

저자는 가와다 교장, 미노마에 교장 그리고 연수주임인 간노 씨와 함께 '배움의 공동체'로서 학교 만들기를 추진해 왔다. 서로 배우면서 성장하는 관계가 교실에 만들어지기 위해서는 아이 한 명 한 명이 한 개인으로 자립하고, 활동적이고 협동적이고 반성적인 배움으로 표현되는 개인의 발자취가 존중되는 끈끈한 연대가 준비되지 않으면 안 된다. 그리고 한 사람 한 사람의 개인차를 서로 존중하고 조화시켜 그 메아리를 보다 풍요로운 것으로 이끌어내는 교사의 예견이 뒷받침되지 않으면 안 된다. 그 교사의 일을 저자는

'테일러링(만듦=개個에의 대응)'과 '오케스트레이팅(조화=개個와 개個의 조화)'의 두 가지 축으로 제기해 왔다. 긴토 소학교 교사들은 이 '테일러링'과 '오케스트레이팅'을 모든 수업 속에서 구체화하고 아이들과 교사가 서로 배우는, 마치 직물을 짜는 것과 같은 수업 모습을 공개연구회 때마다 제시해 왔다.

예로, 연수주임인 간노 선생의 수업에서는 관찰과 실험으로 형성된 한 명 한 명의 작은 의문question이 집단에서 서로 이야기하는 일을 통해서 교실 구성원 전원에게 탐구해야 할 문제problem로 발전하였다. 그리고 그 문제를 해결하는 방법이 참가자의 아이디어 교류로 세련되어 새로운 관찰과 실험으로 안내되고 보다 더 다양한 해석과 깊은 탐구로 발전한다. 그 협동의 탐구과정은 필연적이고 자연스러운 전개이며, 게다가 이과교육이 목적으로 하는 과학적 탐구의 왕도를 열고 있다. 과학적 탐구를 진지하게 추구하는 디스커스 커뮤니티(서로 논의하는 공동체)가 교실에 형성되고 있는 것이다.

이 간노 선생의 수업 영상기록의 한 장면을 저자가 관계한 NHK 교육방송의 특집 프로그램 일부에서 소개한 적이 있다. 겨우 10분 정도에 불과한 영상임에도 불구하고 시청자들로부터 많은 반향이 모여들었다. 그것은 모두 아이들과 교사가 서로 탐구하는 자연스러운 모습에 대한 감명을 적은 것들이었다. 서로 탐구하고 서로 배우는 관계의 기반에는 간노 선생의 멋진 '테일러링'과 '오케스트레이팅'이 있다. 아이들과 시선을 함께 공유하면서 예민한 감수성으로 말을 들어주고 아이들 상호의 탐구를 촉진하고 뒷받침해주는 간노 선생의 대응은 참으로 뛰어나다. "무엇보다도 나 자신이 과학적인 문제를 탐구하기 아주 좋아합니다"라고 간노 선생은 기분 좋게 말한다.

간노 선생뿐만이 아니라 이 학교의 교사들은 '테일러링'과 '오케스트레이팅'의 두 가지 방략으로 아이 한 명 한 명이 자립적으로 생각하고 개인과 개인의 조화를 통해 각자의 미묘한 차이를 조화시키는 부드러운 교실을 만들어 내고 있다.

그 비결은 어디까지나 교실의 사실을 구체적으로 서로 이야기하는 교내연수에 있다. 자칫하면 추상적인 언어나 일반적인 언어로 이야기하기 쉬운 수업연구회이지만, 관찰한 사실에 기초하여 구체적인 아이들의 모습을 철저하게 구체적으로 이야기하는 것이 중요하다. 교내연수에서 추상적인 언어나 일반적인 언어가 이야기되면, 그 순간부터 수업은 경직화되고 교실의 아이들도 아름다운 신선함을 잃어간다. 수업을 살아있는 것으로 소생시키기 위해서는 살아있는 생생한 언어로 실천을 이야기할 필요가 있다. 30년간에 걸쳐 매월 실시되어 온 교내연수의 발자취는 교육실천에 '구체성'을 획득한 격투의 자취였다고 말할 수 있을 것이다.

긴토 소학교 학교개혁의 발자취는 지역의 사람들에 의해서도 유지되어 왔다. 매년 개최되는 공개연구회는 교사와 보호자와의 협동사업이다. 시가지의 중심에 위치한 이 학교는 아동 수가 급격히 줄고 있지만, 앞으로도 지역 교육과 문화의 센터로서의 기능을 상실하는 일은 없을 것이다.

그 상징이 특설활동으로 이루어지고 있는 오케스트라이다. 4학년 이상의 학생 반수 가까이가 참가하고 있는 오케스트라는 소규모 학교이기 때문에 전원이 1년째부터 모두 대회에 출연한다는 조건임에도 불구하고 동북지역의 대회에서 몇 번이나 최우수상을 획득하였다. 지난번 공개연구회에서는 로시니의 '세비야의 이발사'를 연주하였는데, 어른들을 압도하는 명연주로 작곡가 유아사 나미를 배출한 이 학교의 전통은 지금도 건재하다. 이 오케스트라는 방과 후에 학구의 학부모들과 시민이 지도하고 있으며, 지역의 문화적 재산으로 지켜져 육성되고 있다. 학교가 문자 그대로 배움이 서로 울려 퍼지는 센터가 되고 있는 것이다.

긴토 소학교의 공개연구회에 참가하는 것은 매년 큰 즐거움의 하나이다. 긴토 소학교의 공개연구회는 학교개혁이 하루아침에 실현되는 것이 아니라는 것을 가르쳐 준다. 학교개혁은 지역과 학교 쌍방에서 문화를 창조할 전통을 필요로 하는 것이며 문화를 창조하는 전통을 계승하고 미래를 맡기는 하나의 큰 사업이다.

오지야 시 오지야 소학교
학교의 미래에 대한 도전

열리는 교실 오지야 소학교의 방문은 언제나 마음을 설레게 하는 시간이다. 처음 이 학교를 방문한 것은 1995년이었다. 그 이후 하나의 학교를 방문한다기보다는 나날이 되풀이되고 있는 도전에 일본 학교의 미래를 모색한다는 생각을 강하게 가지게 되었다. 130년 전 창설자인 야마모토도 여기에 모여 서로 성장하는 아이들의 배움을 지켜보면서 일본 학교의 미래를 조망했으리라. 그 강인하고 확실한 유지가 전달된 것일까? 일 년에 몇 번밖에 방문하지 못하는 저자조차도 오지야 소학교의 매일 매일의 도전이 '어제'에서 '오늘'로 '오늘'에서 '내일'로 학교의 미래를 열어 감을 확인하면서 거기에 참가하고 있다는 기쁨을 음미해 왔다.

학교라는 장소는 아이 한 명 한 명이 서로 배우면서 함께 성장하는 장소이다. 그리고 '공립'학교는 '나의 학교'인 동시에 '모두의 학교'이다. 오지야 소학교를 방문할 때마다 언뜻 보기에 당연하다고 생각되는 말이 학교생활 속에서 실현되기 위해서는 아이, 교사, 보호자, 교육위원회, 시민의 확실한 연대를 요청하고 있음을 생각하지 않을 수 없다. 학교는 교육과 배움에 정성을 다하는 사람들과의 연대를 잃어버리면, 아이들을 수용하여 훈련하는 일은 할 수 있을지 몰라도 무엇 하나 창조적인 힘을 발휘할 수 없는 장치인 것이다.

오지야 소학교의 현관을 들어서면 '우리 학교에 잘 오셨습니다'라는 아이들의 목소리가 메아리쳐 온다. '우리들의 교실에 오세요'라고 하는 메시지가 무엇보다 기쁘다. 아이들의 마음과 신체는 정직하다. 자기가 살아가는 것을 소중하게 여기는 학교에서는 한 사람 한 사람이 자신의 말로 기쁨과 슬픔을 솔직하게 표현한다. 히라자와 교장과 각 교실을 방문하는 시간은 저자에게 있어서는 주옥과 같은 시간이다. 복도에서 만나는 아이 한 명 한 명에게 웃는 얼굴로 이야기를 건네는 히라자와 교장의 아름다운 모습을 보면서 아이 한 명 한 명의 숨결과 목소리를 듣는다. 그것이 이 학교가 실천하는 교육의 모든 것을 말해 준다.

오지야 소학교의 교육은 오랜 역사와 수없이 많은 사람과의 노력으로 만들어져 왔다. 매년 열리는 '다니오를 이야기하는 모임'에 출석하여 선배 교장과 교사와 지역주민들의 이야기를 듣고 졸업생들의 이야기를 들을 때마다 학교가 하루아침에 만들어질 수 없다는 역사의 무게를 느끼고 전통이라는 것의 소중함을 배우게 된다. 그 전통이란 한마디로 말하면 교실을 열고 학교를 연 발자취라고 말할 수 있다. 오늘 하루 저 아이의 웃는 얼굴 뒤에는 교실을 열고 학교를 열어 온 선인들의 노력과 오지야 소학교의 돈독한 전통이 깃들어 있는 것이다.

'학습참가'에의 도전   학교는 내부에서밖에 바뀌지 않는 곳이다. 그리고 학교가 안에서부터 바뀌기 위해서는 우선 학교와 교실이 지역, 보호자, 시민에게 열리지 않으면 안 된다. 게다가 학교가 지역에 열리고 보호자나 시민과 연대하기 위해서는 학교 내부에 아이들의 배움을 중심으로 수업에 도전하는 교장의 지도성과 교사들의 연대가 준비되지 않으면 안 된다.

이러한 원칙이 드디어 일본 교육개혁의 기본으로 인정받게 되었다. 중앙교육심의회는 '학교와 지역과 가정의 연대'를 21세기 학교 만들기의 기초방향으로 내세우고 앞으로 하나하나의 지역 교육위원회와 학교에 자유와 자율성을 부여하는 방향으로 교육개혁의 방향성이 심의되고 있다.

이 방향을 전국에서 선도적으로 실시한 것이 오지야 소학교의 학습참가에 대한 도전일 것이다. 발단은 작은 시도에 있었다. 처음 이 학교를 방문했을 때 특수학급에서 보호자 참가 수업이 시도되고 있었던 것이다. 이 학교의 특수학급은 학교의 중심에 위치하고 있다. 정성을 다해 서로 도와가며 함께 성장하는 정신이 이 교실의 위치에서도 표현되고 있었지만, 학습참가 실천이 특수학급에서의 시도를 출발점으로 하고 있다는 것은 흥미진진한 일이다. 보호자가 교사의 도우미로 수업에 참가하는 시도에 감명을 받은 저자는 이와 같은 시도가 미국의 학교에서는 일상적이며, 최근 세계의 학교개혁에서 그 큰 흐름을 이루고 있음을 교장 선생님에게 이야기하였다.

지금까지 몇몇 학교에서 보호자와 함께하는 수업 만들기를 권장하고 추진해 왔다. 그러나 실현한 것은 수업참관 시간을 2시간으로 설정하여 하나는 자기 아이의 교실 수업을 참관하고 또 하나는 다른 보고 싶은 교실의 수업참관을 행하여 보호자와 교사가 함께 교육의 바람직한 방향을 서로 이야기하는 방식이다. 그리고 또 하나가 보호자를 게스트로 교실에 초대하여 수업을 하게 하는 방식이다. 이 두 가지 방식은 제창된 이래 일본의 많은 학교에 채용되어 교사와 보호자가 함께 학교교육을 창조하는 관계를 구축해 왔다. 그러나 오지야 소학교에서 도전하고 있는 학습참가(보호자가 교사의 도우미로서 수업에 참가하는 방식)는 아무리 제창하여도 채용되지 않았다.

두 가지 벽이 실현을 막고 있었다. 하나는 교사 측의 벽이다. 교실을 연다는 것은 자신의 일에 대한 긍지와 동료와 보호자에 대한 신뢰가 없으면 실현되지 않는 사항이다. 또 하나는 보호자 측의 벽이다. 내 아이 중심의 의식에 사로잡혀 있어서는 학교교육에 대한 참가는 실현되지 않으며, 학교에 대한 비판이나 불만에 대해 스스로 책임지는 입장에 서지 않으면 학교교육에 대한 참가는 실현되지 않기 때문이다. 학습참가는 교사에 있어서나 보호자에 있어서나 학교를 나의 학교이자 모두의 학교로 만드는 도전인 것이다.

그런데 히라자와 교장과 이 학교의 교직원과 PTA의 사람들은 이 큰 벽을 뛰어넘어 학습참가를 학교에 실현한 것이다. 그리고 이 도전은 매스미디어를 통해 전국에 널리 알려지게 되고 국회에서도 소개되어 21세기를 지향하는 학교개혁을 위한 하나의 모델로서 많은 사람의 관심을 불러일으키게 된 것이다.

서로 배우는 공동체로 학습참가의 도전이 모든 교실에서 개시되었을 때 히라자와 교장은 "일본 제일의 오랜 전통을 가진 이 공립학교에서 일본 제일의 새로운 교육에 도전하고 싶다"고 저자에게 말했다. 그 말은 오지야 소학교의 130년에 걸친 역사를 지금과 이어주는 가장 확실한 말이라고 생각한다. 전통이란 항상 새로운 도전 속에서 받아들여지고 계승되는 것이다.

오지야 소학교는 메이지明治 원년에 창립된 일본 최초의 공립학교이다. 교장실의 사료史料 서고에는 야마모토를 중심으로 창설된 '오지야교 · 진덕관'의 사료가 보존되어 있다. 그 사료를 기초로 하여 서술된 『오지야 소학교사』(동봉서방東峰書房, 1977년)는 제1급의 학교사이다. 일본의 학교 창설은 지역 사람들과의 서로 배우는 연대를 기초로 하여 달성된 것이다. 그 전통은 빛나는 것이다.

우선, 첫째로 교육의 공공권이 행정의 사명이 아니라 지역 사람들의 자주적인 노력으로 실현되고 지역사회를 위한 미래의 주체를 기르는 학교로서 실현된 일이다. 둘째로, 소학교라는 명칭이 애초부터 사용되어져 보통교육으로서의 학교가 실현된 일이다. 그리고 셋째는 '천성의 진眞'을 교육의 원리로 하는 야마모토의 사상("삼가며 관용하라")이 서두르지 않고 친절히 돌보고 원조하면서 아이들의 자연적으로 타고난 본성을 이끌어내는 교육방법을 실현하고 있다는 점이다. 넷째는 한자, 국학, 신도, 산학, 습자 등 그 후의 '양학' 일변도의 '학제' 학교보다도 훨씬 풍부한 교육내용을 조직하고 있었다는 것 등이 지극히 선구적인 도전이 오지야소학교의 전통의 기원을 형성하고 있다.

21세기의 학교는 배움의 공동체로서의 학교이다. 배움의 공동체로서의 학교에서는 아이들이 서로 배우면서 함께 성장할 뿐만 아니라 아이들의 서로 배우고 성장하는 활동을 실현하기 위해서 교사도 상호 간에 서로 배우고 성장하며 교육행정의 관계자도 보호자도 시민도 서로 배우고 성장한다. 오지야 소학교의 도전은 이 서로 배우는 공동체로의 첫걸음을 확실하게 열고 있다고 말해도 좋을 것이다.

교실을 방문하면 하나하나의 배움을 서로 갈고 닦으며 맞추어가는 아이들이 있다. 그 배움을 촉진하고 원조하고 있는 교사와 보호자의 모습이 있다. 그리고 교사로서의 견식과 기예를 서로 갈고 닦는 직장의 연대가 있으며 부모로서 서로 배우는 보호자의 모습이 있다. 게다가 학교의 자주성과 창조성을 실현하기 위해 교육위원회와 협의를 거듭해가고 있는 학교 사무나 교육행정의 사람들이 있다. 이러한 '새로운 도전' 가운데에서 130년에 이르는 배움의 전당의 전통은 지금이라는 순간을 숨 쉬고 있는 것이다.

130주년 행사에 저자도 참가하는 영광을 얻었다. 학교의 창생이라는 구성극의 각본과 그 주제곡이자 준교가인 두 곡의 작사를 맡았던 것이다. 작곡은 가장 존경받는 미요시아키라 선생님이 맡아주셨다. 더 할 수 없는 영광이다. 교육학자로서는 너무나 과분하고 황송한 일이다. 그 주제곡의 하나인 '당신에게'의 '당신'은 물론 오지야 소학교의 창설자인 야마모토인 동시에 오늘도 오지야 소학교에 모인 한 사람 한 사람의 '당신'이기도 하다. 그리고 이 노래는 미래의 오지야 소학교에 모이게 될 '당신'에의 메시지이기도 하다. '당신에게' 그리고 '내일로', 오지야 소학교의 도전은 또 새로운 하나의 역사를 새기고 있는 것이다.

후쿠이대학 부속중학교
서로 탐구하고 창조하고 표현하는 공동체로

가능성을 연 교육실천 21세기 일본의 중학교는 후쿠이대학 부속중학교의 실천과 연구 속에 준비되어 있다. 그렇게 단언해도 좋을 근거가 3가지 있다. 첫째는 이 학교의 교육과정과 수업이 학생의 배움을 중심으로 조직되어 배움의 의사소통과 공동성의 발전에 입각하여 다이내믹하게 전개되고 있다는 것이다. 두 번째 근거는 그 배움의 실현을 위해 교사들이 교과와 교실의 벽을 넘어 수업을 창조하고 서로 배우는 연대를 구축하고 있다는 것이다. 그리고 세 번째 근거는 이 실천의 창조와 연구가 대학 연구자와의 밀접한 협력을 기반으로 하여 전개되고 있다는 것이다. 이 학교는 이 획기적인 실천을 '학년프로젝트'에 의한 총합학습과 '주제-탐구-표현'의 단원으로 구성되는 교과학습으로 추진해 왔다.

중학교 교육이 빠뜨리고 있는 현실에 비추어 보면 이 학교의 도전의 의의는 한층 명료하다. 중학교의 존립방식에 대한 아이들의 예리한 질문이 나오게 된 것은 20년 전 교내폭력이 일어났을 때이다. 교내폭력은 교사들의 필사의 대책으로 수년 만에 일단은 진정되었지만, 이후 일관하여 오늘날까지 증가하고 있으며 더욱이 무기력, 무감동, 배움으로부터의 도주, 이지매, 등교 거부, 소년범죄의 확대 등 중학생을 둘러싼 상황은 심각화 일변도였다. 이러한 문제에 대한 대책이 사태를 더더욱 복잡하게 하고 있다. 이 20년간 중학교의 교사와 교육행정의 담당자는 생활지도와 특별활동지도와 진로지도라는 3가지 지도로 이 난국에 대처해 왔다. 그러나 이 3가지 지도가 확장되면 확장된 만큼 학교교육의 중핵에 두어야 할 배움과 수업은 공동화된다. 3가지 지도를 중심으로 하는 학교가 과연 학교 본래의 모습일까? 이제는 3가지 지도에 의한 대처 그 자체가 한계에 달해 있는 것은 아닐까?

후쿠이대학 부속중학교의 실천은 일본 전국의 중학교가 직면하고 있는 현실에 대한 과감한 도전이다. 중학교란 어떤 장소인가? 중학 교교육은 무엇을 중심으로 조직되어야 할 것인가? 중학생다운 배움이란 어떠한 배움인가? 중학교에 어울리는 학교, 중학교다운 배움을 실현하기 위해서 교사는 무엇을 해야 할 것인가? 그 진지한 탐색의 흔적이 학생들의 삶과 지역의 미래를 묻는 총합학습을 만들어 내고, 교과학습 영역에서도 서로 탐구하고 창조하고 표현하는 배움을 만들어 내고, 전문가로서 함께 성장하는 교사 상호의 공동연구를 만들어 내고, 나아가 대학의 연구자를 비롯한 다른 전문가와의 연대를 만들어 낸 것이다.

학년프로젝트 활동 실천을 일관하고 있는 주제는 배움의 탐구이다. 이 배움의 탐구에서 중심적인 추진력이 된 것이 '학년프로젝트'로서 노력을 기울인 일련의 총합학습의 실천이었다. 1997년도부터 중축으로 설정된 총합학습의 계속적인 실천 없이는 이 학교의 배움을 중심으로 하는 교육과정의 창조도 수업개혁도 실현되지 못했을 것이다. 후쿠이대학 부속중학교에서는 교육과정심의회가 총합적 학습시간을 설정하는 방침을 결정하기 이전부터 총합학습 실천에 계속적으로 노력을 기울여 왔으며, 총합학습을 교과학습을 포함한 교육과정 전체 개혁의 초점으로 삼아 왔다.

배움의 개혁은 총합학습에서 보다 구체적으로 추구할 수 있었다. 지금까지 일본의 학교에서 배움은 3가지 결함을 지니고 있다. 하나는 배움이 좌학座學으로 조직되어 단순한 뇌 시냅스의 결합으로 간주되어 무매개적으로 수행되고 있다는 것이다. 사물이나 도구나 사람에 매개되지 않는 배움으로 인식되고 실천되어 왔다는 것이다.

두 번째 결함은 배움이 개인주의적으로 인식되어 온 점이다. 이 경향은 오늘날도 '자력해결'이나 '자학자습'을 이상으로 생각하는 경향 가운데 조장되고 있지만, 배움은 공부와 달리 타자와의 커뮤니케이션에 의해 성립되는 것이며 사회적이고 협동적이고 공동체적인 행위로 복권될 필요가 있다.

세 번째 결함은 배움을 표현하고 친구와 공유하는 가운데에서 반성적으로 음미하는 활동으로서 인식해 오지 않았다는 점에 있다. 일본의 학교에서 배움은 소정의 지식이나 기능을 획득하여 정착하는 '획득'의 측면만이 중시되어 '표현'이나 '공유'나 '반성'의 측면은 경시되어 왔다.

이 3가지 결함을 후쿠이대학 부속중학교의 총합학습은 훌륭하게 극복했다. 후쿠이의 미래를 탐색하는 총합학습 사례나 고베 시 부흥의 총합학습 사례에서 학생들은 준비단계에서 조사와 토의단계를 거쳐 최종적으로 창작음악 드라마로서 표현하고 발표하는 단계에 이르기까지 많은 사실과 만나고 많은 사람과 만나고, 학급과 동학년과 다른 학년의 학생들과 몇 번씩 협의하여 주제나 대상에 대한 관심과 사고와 감정을 기르고, 그 관심과 사고와 감정을 반성적으로 음미하여 자신의 발견과 인식을 공동의 작품으로 표현했다. 이 총합학습의 실천과정에는 지금까지 학교의 배움에 결여되어 있던 '만남'이 있고 '대화'가 있고 '협동'이 있고 '표현'이 있다.

  총합학습에서의 배움의 창조가 학교 전체의 배움을 개혁하는 중핵적인 역할을 완수한 이유는 무엇일까? 그 이유는 두 가지이다. 한 가지는 단원에서 단원으로 바뀌는 교과학습과는 달리 총합학습에서는 지속적이고 계속적이고 일관한 주제의 추구가 가능하다. 후쿠이대학 부속중학교의 총합학습에서 이 지속성과 일관성은 학생들의 배움을 전환하는 데 결정적인 의미를 지니고 있다. 이 학교의 총합학습은 '학년프로젝트'로 조직되어 학년도를 기본단위로 하여 전개되고 있지만, 동시에 3년간에 걸친 계속성과 발전성을 내다보고 조직되어 있다.

  '공부'는 언제나 끝의 스탬프로 단락을 짓지만 '배움'은 언제나 시작을 준비하는 것이며 '네버 엔딩 스토리 never ending story'의 성격을 지닌다. 학교에서의 배움은 전형성과 집약성의 요청으로부터 어떤 단위와 단락을 필요로 하는데, 이 학교의 총합학습의 전개는 학교 가운데에서도 계속성과 발전성으로 열린 배움이 가능함을 보여주고 있다.

게다가 지속적이고 계속적이고 일관한 배움의 추구는 중학생 스스로가 자주적 · 협동적으로 서로 탐구하고 창조하고 표현하는 수업과 교육과정의 실현을 가능하게 한다. 이러한 총합학습을 실현한 교사들은 보통 교과의 배움도 총합학습과 마찬가지로 '탐구'와 '창조'와 '표현'으로 구성할 필요와 통찰을 획득한 것이다.

총합학습이 학교 전체 개혁으로 이어진 또 하나의 이유는 학년프로젝트라는 교사 조직에 있다. 총합학습의 실천은 교과나 교실의 벽을 넘어서 교사의 연대와 공동연구를 실현했다. 그 의의는 실로 크다. 어느 중학교에서나 교사는 교과 단위로 조직되어 있다. 그리고 그 교과의 벽과 교실의 벽은 학교를 안으로부터 개혁할 때 최대의 장벽이 된다. 일반 중학교에서 교사는 교과의 전문가이며 특별활동이나 생활지도나 진로지도의 전문가이지, 학생 한 사람 한 사람의 배움의 전체성에 책임을 지는 교육의 전문가로서는 그 임무를 수행하고 있지 못하다. 그 결과 교사의 일은 분산되고 단편화되어 전문직으로서의 성격을 희박하게 만들고 있다. 후쿠이대학 부속중학교의 학년프로젝트는 총합학습의 실천과 교육과정의 창조에서 학생의 배움의 전체성을 기초로 교사의 연대를 만들어 내고 교과의 틀을 초월한 교사의 협동을 실현하고 있다. 이와 같은 학년프로젝트의 조직을 중심으로 교사의 일을 재구조화하는 시도는 중학교의 미래상을 탐색하는 데 있어서 귀중한 경험이라 할 수 있을 것이다.

교과학습의 개혁 총합학습에서의 배움의 창조는 일상적인 교과학습의 개혁과 결합하여 학교교육 전체의 개혁으로 발전할 수 있다. 이 학교의 총합학습의 실천은 교과학습을 포함한 배움 전반에 대한 개혁의 노력으로 인식해야 할 것이다. '탐구·창조·표현'이라는 이 학교의 실천을 일관하고 있는 3가지 키워드는 교과학습의 키워드이기도 하다.

교과학습의 개혁은 종래의 '효율성' 원리에 따른 '목표-달성-평가'형(단계형)의 교육과정을 '주제-경험-표현'형(등산형)의 교육과정으로 개혁하는 노력으로 전개되고 있다. 교과의 본질을 선명하게 하기 위해서 각 교과의 배움에서 추구해야 할 중심적인 개념이 제시되고 교과의 중심적인 내용을 핵으로 하는 단원개발과 그 실천 연구가 지속되고 있다. 총합학습의 실천을 중심으로 하는 가운데 교과학습의 개혁에 대해서도 총합학습의 실천 이상의 정력이 개혁에 기울여져 온 것에도 유의하고 싶다.

교과학습의 개혁에서는 그 교과의 배움의 사회적인 의미를 명시하는 테마가 설정되어 있다. '국제화 · 정보화를 열다'(영어, 기술), '생활력을 기르다'(보건체육, 가정), '감성 · 표현력을 열다'(국어, 음악, 미술), '탐구 · 협동적인 배움을 열다'(사회, 수학, 이과)라는 테마이다. 이러한 테마는 각각의 교과에서 배움의 네트워크를 준비할 뿐만 아니라 교과를 초월한 교재의 연관을 강화하고 교과의 경계를 넘어선 배움과 교과를 넘어선 교사의 공동연구를 촉진하고 있다. 이처럼 후쿠이대학 부속중학교에서의 교과학습개혁은 배움을 중심으로 한 교육과정을 창조하는 도전이며, 탐구 · 창조 · 표현의 커뮤니케이션과 네트워크를 모든 배움에 관철시키는 개혁의 일환이다.

교사 집단의 협동연구   마지막으로 이러한 놀랄만한 실천과 교육과정을 가능하게 한 두 가지 조건에 대해서 언급해 두겠다. 그 하나는 말할 것도 없이 이 학교에서의 교사 집단의 지속적인 공동연구이다. 어떤 부속학교라도 '연구열심'이라는 점에는 공통적이지만, 후쿠이대학 부속중학교의 교사 집단은 '배움'의 창조에 진지하다. 추상적인 이론을 주고받기보다는 교실에서 일어난 사실로부터 배우고 학생 한 명 한 명의 배움을 음미하는 일이 중시되고 있다. 실천기록 등에도 학생의 고유명이 등장하는 것이 바로 그 증거라 할 수 있다. 무엇보다도 교사 자신이 실천적인 배우는 사람이다.

또 하나의 조건은 후쿠이대학 연구자들과의 연대이다. 실천의 측면에서 지원한 후쿠이대학 연구자들은 교육연구의 실적과 교사와의 협동연구에 있어서 상당히 뛰어나다. 저자 자신도 그들과 10년 가까이 협동으로 연구할 기회를 가져왔는데, 그들이야말로 전국의 어느 대학에서도 얻을 수 없는 뛰어난 실천적 연구자 집단임을 확신하고 있다. 물론 그들을 성장시킨 것도 학교의 아이들이며 교사들이다. 이 학교의 실천은 학교 교사와 대학 연구자와의 연대의 가능성도 제시하고 있다고 생각한다.

후쿠이대학 부속중학교의 교육과정 실천은 21세기 중학교 교육이 어떠해야 할 것인가에 대해서 가장 확실하고 구체적인 경험과 지견을 제공한다. 이 성과는 물론 하루아침에 만들어진 것이 아니다. 이 학교의 교사들이 강조하는 '배움의 나선형'에 유의하기 바란다. 학교는 언제나 나선형으로 발전한다. 이 학교의 실천에서 배우고 각각의 학교와 교실에서 학생들과 '배움의 나선형'을 창조하자. 그 너울거리며 상승하는 흔적이 미래의 학교를 준비하는 것이다.

나가오카 시 미나미 중학교
대화로부터 창조되는 학교문화

침묵에서 대화로   나가오카시립 미나미 중학교의 도전은 중학교 개혁이 무엇에서부터 출발해야 하는가를 가르쳐 주는 귀중한 경험이다. 등교 거부, 교내폭력, 이지매, 배움으로부터의 도주 등 오늘날 학교를 둘러싼 위기의 대부분이 중학교를 무대로 하여 발생하고 있다는 것은 널리 알려져 있다. 그러나 중학교개혁을 어디에서부터 착수하면 좋을 것인가에 대해서는 아직 명확하지 않다. 어느 중학교에서나 비행대책의 생활지도에 힘을 쏟거나 특별활동의 지도와 진로지도를 충실하게 하거나 학술제나 체육대회 등의 학교 행사를 성대하게 거행하는 등 교사들의 정력적인 노력이 전개되고 있다. 그러나 교사들의 최선을 다한 노력에도 불구하고 중학교를 둘러싼 위기는 매년 그 심각성을 더해 갈 뿐 도무지 해결되지 않고 있다.

미나미 중학교의 히라자와 교장과 교사들의 실천은 중학교를 개혁하는 출발점이 어디에 있는가를 잘 보여주고 있다. 2년간의 노력으로 30명이 넘던 등교 거부 학생을 교내 적응지도교실에 다니는 3명으로까지 격감시키고, 교사와 학생이 서로 마음을 열고 신뢰관계를 회복하여 학생 한 사람 한 사람의 배움의 기쁨을 교실에 실현시켰으며, 학력을 비약적으로 향상시켜 지역주민과의 신뢰와 협력의 관계를 구축해 왔다.

저자는 1998년 6월과 1999년 10월과 2000년 2월에 이 학교를 방문하여 학생, 교사, 보호자들과 함께 이야기할 기회가 있었는데, 1년 여 사이의 이 학교의 변화에 경탄하지 않을 수 없었다. 학교의 위기적인 현상이 격감하고 학력이 향상된 것만이 전부가 아니다. 학생, 교사, 교장, 보호자 사이에 멋진 교육을 모색하는 신뢰와 협력의 끈이 이어져 학교가 학교로서의 공공적인 사명을 회복하고 중학교만의 고유한 학교문화가 형성되었다.

히라자와 교장이 학교개혁의 출발점으로 삼은 것은 대화였다. 학생과의 대화, 교사와의 대화, 보호자와의 대화이다. 교육에 필수조건으로 교사와 학생의 신뢰관계, 교사와 보호자의 신뢰관계가 이야기된다. 그리고 사람과 사람의 신뢰관계의 기반으로서 대화의 중요성을 부르짖고 있다. 그러나 다시 생각해 보면 학교만큼 대화의 중요성을 강조하면서 대화가 결여된 장소도 없지 않을까? 학교라는 장소에서 말은 일방적으로 흐르는 수도와 같다. 교육위원회로부터 교장에게, 교장으로부터 교사에, 교사로부터 학생이나 보호자로 일방적인 흐름이 기본이 되어 있다.

  물론, 교사는 직원회의를 비롯해 많은 회의를 통해 학교운영에 참가하고 있으며, 학생들도 수업 속에서 적극적으로 발언이 촉진되고 학생 집단 속에서도 자치가 권장되어 학생회가 조직되어 있다. 보호자들도 PTA를 비롯하여 적극적인 의견 교류가 요구되고 있다. 그러나 대화는 일방적인 '의견 발표'도 아니며 단순한 '서로의 의견 내놓기'도 아니다. 왜냐하면 대화문화를 성립시키고 있는 것은 '말하는' 문화가 아니라 오히려 '듣는' 문화이기 때문이다. '듣는' 문화가 성숙되어 있지 않은 장소에서는 아무리 대화의 중요성을 외쳐도 대부분의 사람은 침묵을 강요당한다.

듣는 일로부터의 출발   히라자와 교장이 먼저 시작한 것은 1, 2회 갖는 전교 조례에서의 학생들과의 '대화집회'였다. '대화'라고 해도 대담은 아니다. 히라자와 교장이 행한 것은 학생들의 목소리를 끌어내는 일이었다. 처음은 문화활동과 스포츠에서 표창을 받은 학생과의 인터뷰라는 형식으로 출발한 '대화집회'였지만, 그 후는 '배우는 의미'라든가 '자유와 분간'이라든가 '정직과 거짓' 등 학생들이 평소 고민하는 주제를 중심으로 서로 이야기하는 장이 되어 거기에서 학생들 자신에 의한 사색이 만들어져 나오고 있다.

이 '대화집회'에서 요구해 온 것은 소위 '토론집회'에서 요구되는 것과 같은 '의견'의 교류가 아니다. 가장 소박하면서도 무엇보다 학생 한 명 한 명의 내면에 뿌리내리고 있는 '목소리'이다. 항상 마음속 깊은 곳에 밥알처럼 붙어 있으면서 좀처럼 말로는 표현되지 않는 한 사람 한 사람의 내면의 '목소리'. 그 침묵의 뒷면에 있는 목소리를 모양과 의지를 가진 말로 결정하여 가는 과정을 원조하는 것이 히라자와 교장이 개시한 '대화집회'의 진의가 아닐까 하고 생각한다. 그러한 노력의 결과 다카하시 군의 작문 '장마가 끝남'(문부대신상 수상했고, 〈성실한 것이 나쁜가!〉라는 제목의 영화로 제작되었다)이 탄생한 것이다. '모두가 다르기 때문에 모두가 멋지다'라는 이 영화의 메시지는 한 사람 한 사람의 내면의 목소리를 서로 존중하는 '대화집회'의 정신이 만들어 낸 주장인 것이다.

'대화집회'의 실천은 작은 노력이지만, 오늘날 중학교에서 빠뜨리고 있는 것을 훌륭하게 만들어가고 있다고 말할 수 있을 것이다. 대화는 침묵의 뒷면에 감추어져 있는 목소리를 말로 짜들어 가는 협동 행위이다. 중학교는 큰 조직이다. 보통 30명 이상의 교사가 일하고 400명이 넘는 학생들이 배우고 300명이 넘는 보호자가 존재한다. 그 가운데 대체 몇 명의 구성원이 학교 운영에 자신의 목소리를 반영시키고 있을까? 각양각색의 목소리가 학교 속에서 서로 오가며 다양한 의견이 교류되고 있지만, 그러한 의견이나 목소리는 누군가의 의견에 이치를 맞추거나 그 장의 흐름이나 관행에 맞추는 것은 아닌지? 교사들 간에도 한 사람 한 사람의 목소리에 귀를 기울이는 일은 불충분하고, 학생의 목소리나 보호자의 목소리는 대부분 침묵 속에 파묻혀 말해지지 않는 것이 현실일 것이다. 각자의 말이 되지 않는 목소리에 귀를 기울이는 '듣는' 문화가 성숙되어 있지 않은 장소에서는 침묵의 이면에 있는 목소리는 말이 되지 않은 채 그대로 가라앉을 수밖에 없다.

학교개혁은 침묵 속에 매몰되어 있는 목소리를 말로 만드는 대화(서로 들어주기)로부터 출발한다. 지금까지 교무실에서 침묵하고 있던 한 교사의 말, 교실에서 침묵하고 있던 한 학생의 말, PTA모임에서 침묵하고 있던 한 보호자의 말이 학교를 안에서부터 개혁하는 출발점이 된다. 히라자와 교장이 시작한 '대화집회'는 그 실천의 기점을 준비한 것이다.

표현의 추구 대화(서로 들어주기)는 배움의 중핵이기도 하다. 배움이란 교육내용인 제재(테마)와의 대화이며, 교실의 교사나 다양한 이미지나 의미를 구성하는 친구들과의 대화이며, 자기 자신과의 대화이다. '대화집회'를 계기로 하여 창조된 미나미 중학교의 대화 문화는 일상적인 교실수업에서도 대화적인 관계를 만들어 냈다. 이 교실에서의 배움의 창조에 선도적인 역할을 완수하고 있는 것이 총합학습 활동이다.

미나미 중학교는 구 나가오카 번潘의 번주들의 저택이 즐비했던 지역에 위치하고 있다. 막부 말기幕末期, 무진戊辰전쟁의 전화戰火로 인해 거리의 대부분이 불에 타 소실된 나가오카 시, 그 타버린 벌판 지역에 내일의 희망을 걸고 '국한國漢학교'가 창설된 역사는 야마모토의 유산인 희곡 '고메핫표米百俵'로 유명하다. 미나미 중학교의 학생들은 '고메핫표'의 주인공인 고바야시 도라사부로의 생애를 조사하여 그 이야기를 연극으로 표현하는 학습에 도전하고 있다. 지역의 역사와 대화하고 지역의 사람들과 대화하고 교실의 친구와 대화하고 자신의 삶과 대화하는 실천이다.

학습지도요령의 개정에 수반하여 전국의 소학교, 중학교, 고등학교에서 총합학습의 실천이 주목을 받고 있다. 그러나 그 대부분이 환경이나 복지 등 한정된 테마에 집중되는 경향이 있다. 미나미 중학교의 총합학습은 지역의 역사를 자신의 삶과 연결지어 그것을 연극으로 표현하는 총합학습으로 전개되었다. 오늘날 중학생의 현상으로부터 신체와 말로 표현하는 활동이 중요하다고 판단했기 때문이다.

표현을 중심으로 하는 배움은 매년 가을에 시립극장을 빌려 개최되는 '예능발표회'에서 전교생의 보호자와 시민에게 공개된다. 1999년의 발표회에서는 3학년의 창작극 '고메핫표'의 공연 외에도 학급 대항 전교 합창 콩쿠르가 개최되어 보호자도 합창단을 조직하여 참가하였다. 대화를 기반으로 한 배움의 축제가 '예능발표회'에서 개최된 것이다. 학교의 구석구석에서 침묵하고 있던 한 사람 한 사람의 목소리가 대화의 관계를 기반으로 서로 울려 퍼지고 장대한 드라마와 합창을 만들어 낸 것이다.

지역과 함께 만드는 학교 미나미 중학교 만들기는 교사와 학생에 의해 추진되고 있는 것만은 아니다. 보호자들의 학습참가에 의해 추진되고 있다. 학습참가란 종래의 '수업참관'과 같이 보호자가 수업을 '참관'하는 것이 아니라 직접 수업에 '참가'하는 방식을 의미한다. 보호자도 아이들과 함께 배우고 교사와 함께 수업 만들기에 참가하는 것이다. 이 학습참가 방식은 히라자와 교장이 이전의 부임지인 오지야 소학교에서 창시한 방식으로 지금은 전국 소학교에서 '지역에 열린 학교 만들기'의 가장 유효한 방법으로 보급되고 있다. 그러나 중학교에서 학습참가 도전은 일부에 제한되어 있는 것이 현재의 실정이다. 미나미 중학교의 학습참가 실천은 그 선구적인 도전이다.

학습참가의 실천은 학교를 '배움의 공동체'로 재편성하는 도전의 하나이다. '배움의 공동체'로서의 학교는 아이들이 서로 배우는 장소일 뿐만 아니라 교사들도 서로 배우면서 성장하는 장소이며, 보호자나 시민도 서로 배우는 장소이다. 21세기의 학교를 지역 문화와 교육의 센터로서 구상한다면 '배움의 공동체'로 학교를 재조직하지 않으면 안 된다. 아이와 교사와 보호자와 시민이 미래의 희망을 맡기고 서로 함께 배우는 학교를 지역에 만들어 내는 일, 그 도전이 중학교에서도 실현될 수 있음을 미나미 중학교의 실천은 보여주고 있다.

보호자와 시민의 학교 만들기에 대한 협력은 학습참가에 한정되어 있는 것만은 아니다. 노후된 학교 건물의 철거나 무도관의 개축, 등교 거부나 학력문제, 총합학습과 문화활동 등 학교의 시설과 교육과정 등 여러 가지가 있다. 대화(서로 들어주기)의 문화가 지역 속에 파묻혀 있던 목소리를 말로 결정시켜 구체적인 요구로 실현시키고 있는 것이 참으로 멋지다.

미나미 중학교의 2년간의 실천은 오늘날 중학교의 복잡한 문제가 제각각 해결 불가능한 문제가 아님을 가르쳐 준다. 중학생은 감수성이 민감하여 상처받기 쉬운 세대라고들 말한다. 중학생 시기는 아이가 어른으로 탈피하는 가장 위험하고 곤란한 시기이다. 누구나 상처받고 좌절하고 고민하고 괴로운 시기라고 말한다. 그러나 그런 중학생은 많은 가능성을 숨긴 존재이다. 다음의 인생에 연결되는 삶의 핵과 같은 것이 형성되는 시기이기도 하다. 그 중학생들에게 필요한 것은 각자의 개성을 표현할 수 있는 자유로운 관계와 그 표현을 받아들여 격려해 주는 어른(교사, 보호자, 시민)의 존재가 아닐까?

미나미 중학교의 실천기록은 학생의 배움의 발자취인 동시에 학생 한 사람 한 사람의 배움과 성장을 뒷받침해 온 교사들과 보호자들의 실천기록이다. 이 학교의 도전은 중학교 교육의 실천이 나아갈 방향을 제시하고 있을 뿐만 아니라 오늘날 중학생들이 어른들에게 무엇을 요구하고 있는가를 성장의 사실로 구체적으로 보여주고 있다.

치가사키 시 하마노고 소학교
'배움의 공동체' 파일럿 스쿨

제 일보 1999년 2월 4일 치가사키 시 하마노고 소학교에서 제1회 공개연구회가 열렸다. 하마노고 소학교는 전년도인 1998년 4월에 개교한 신설교이다. 창설 후 불과 10개월 후의 공개연구회이며 시내의 교사들만을 위한 작은 연구회였는데 전국에서 300명이 넘는 교사들이 모여들었다.

오전의 두 시간은 교사와 보호자가 협동하여 수업을 만드는 학습참가를 공개하였다. 각 교실은 아이들의 그룹활동에 참가하여 원조하는 보호자와 그 모양을 참관하는 교사들의 뜨거운 열기로 가득 차 있었다. 모든 시선이 부드럽고 편안하게 서로 배우는 아이들에게로 쏟아졌다.

하마노고 소학교는 치가사키 시내의 학교를 배움의 공동체로 개혁하기 위한 '파일럿 스쿨'로 창설되었다.

치가사키 교육위원회가 학교개혁의 방침을 정한 것은 1997년이다. 교육위원회의 지도과 전원이 저자의 『교육과정 비평-공공성의 재구축으로』의 독서회를 여러 차례 열고 책에 제시되어 있는 '배움의 공동체' 개혁 이념을 시장의 자문기관인 '카야茅에 울려 퍼지는 교육추진협의회'에서 제안하여 신설 하마노고 소학교를 '배움의 공동체'의 '파일럿 스쿨'로 하는 방침이 시의회에서 승인되었다.

저자가 이 시의 교육위원회로부터 협력 의뢰를 받은 것은 1997년 7월이었다. 교육위원회의 스태프들이 저자의 저서를 정성을 다해 검토해 준 열의에 대한 고마움과 함께 '배움의 공동체'를 표방하는 학교개혁을 시 전체로 추진할 수 있다는 기대에 가슴이 뛰었다.

'배움의 공동체'로의 개혁이란 학교를 아이들이 서로 배우면서 성장하는 장소로 할 뿐만 아니라 교사들이 전문가로서 서로 배우면서 성장하는 장소로 하여 학부모와 시민이 학교교육에 참가하여 서로 배우고 함께 성장하는 장소로 만들어 가는 개혁을 의미한다.

이 개혁을 실현하기 위해서는 교실에 활동적이고 협동적이고 반성적인 배움을 조직하고 교사들 간에 교실을 서로 열고 수업을 서로 창조하는 동료성을 구축하고 교장의 지도성을 확립하여 직장의 민주화를 도모하여 교사 한 사람 한 사람이 자립적인 존재로서 협동으로 운영할 수 있는 조직으로 학교를 재편할 필요가 있다. 나아가서는 보호자나 시민과의 연대를 기초로 학교의 자율성을 구축하고 교육행정과의 관계도 민주화할 필요가 있다.

지금까지 저자가 참가한 많은 학교가 '배움의 공동체'로서의 학교 만들기에 도전해 왔다. 그러나 그러한 대부분은 수업 만들기와 교내연수와 교육과정개혁에 머물거나, 보호자나 시민의 학습참가에 그치거나, 혹은 학교 조직이나 교육행정과의 관계의 민주화에 그치고 있어 전체를 구조적으로 개혁하는 데까지는 이르지 못하였다.

그 도전의 기회가 주어진 것이다. 더구나 하마노고 소학교는 시 전체 학교개혁의 파일럿 스쿨로서 자리 잡고 있다고 한다. 꿈같은 기획이다. 이 학교의 개교식에 참가한 이후 오오세 교장을 비롯한 교사들과의 월례 연구회를 통해서 저자 자신도 '배움의 공동체' 만들기에 참가하고 있다.

서로 울려 퍼지는 공공권 공개연구회의 점심 휴식시간에는 하마노고 소학교 전 아동 670명에 의한 교가와 합창곡 발표가 이루어졌다. 두 곳의 학교에서 모인 아이들을 개교 당시부터 맺어 왔던 것은 합창이었다. 아름다운 소리가 언제나 아이들을 맺어 왔다.

그 가운데에서도 교가 '바람결에'의 합창은 압권이었다. 1번, 2번의 흐르는 듯한 가락을 거쳐 3번에 들어서면 몇 개의 목소리가 서로 겹쳐 울려 퍼지며 대합창으로 발전한다.

하늘(하늘, 하늘, 하늘) 파랗고
바다(바다, 바다, 바다) 아득한 저편
눈부신 희망이 빛을 발하고
고요하게 선명하게
생명의 모양 서로 비추는(서로 비추는, 서로 비추는, 서로 비추는)
하마노고 하마노고

노래가 끝나자 체육관의 참관자들이 만장의 박수로 체육관을 떠나가게 만들었다. 감동으로 눈물을 흘리고 있는 교사도 적지 않았다. 이 교가는 저자가 작사하고 미요시 씨가 작곡한 명곡이다. 이 학교의 창설 취지에 찬동한 미요시 씨는 두 차례나 학교를 방문하여 아이들과 함께 이야기하고 아이들과 교사와 부모가 목소리를 울려 맞추어가는 노래를 '기원'을 담아 작곡해 주었다.

'배움의 공동체'는 '기원의 공동체'이기도 하다. 이 교가는 서로 울려 퍼지는 공공권으로 이 학교를 상징하는 '보물'이 되었다.

서로 배우는 교사들   공개연구회 날의 오후는 이 학교에서 매월 행하여 온 교내연수의 공개가 있었다. 이번에는 먼저, 5학년 3반에서 학교에 인접한 '죠난 우회로' 건설의 역사를 조사하는 사회과 수업이 공개되고 그 수업을 사례로 하는 교내연수의 토의 모습이 참관한 모든 교사에게 공개되었다. 학교연수의 방법을 공개하여 비평을 청하기 위한 기획이다.

'배움의 공동체'로서 학교를 건설하는 데 있어서 교사 간에 전문가로서 서로 성장하는 '동료성'을 구축하는 일은 중핵적인 과제이다. 하마노고 소학교에서는 교내연수를 학교경영의 중심적인 업무로 자리매김해 오고 있다.

어느 학교라도 연간 3회 정도의 연구수업과 토의를 할 것이다. 그러나 연 3회 정도의 교내연수로 학교가 개혁된 사례는 없다. 모든 교사가 적어도 연 1회 한번 정도는 교실을 동료에게 공개하고 비평을 청하는 관계를 구축하는 일 없이는 학교 내부에 전문가로서의 연대를 구축하는 일은 불가능하다. 교실을 닫는 교사는 교실을 사물화하고 있는 것이며, 공교육의 교사라고 부를 수 없다.

하마노고 소학교와 같이 28명의 교사가 근무하는 학교에서는 적어도 28회의 연구수업의 기회를 보장하지 않으면 안 된다. 모든 교사가 공개하고 서로 비평하는 일 없이는 학교를 안에서부터 개혁하는 기초를 준비하는 일은 불가능하다.

하마노고 소학교에서는 창설 당시부터 수업사례 연구에 의한 '동료성' 수립을 기본 방침으로 내걸고 교사 전원이 참가하는 월례 교내연수와 주 단위로 열리는 학년별 수업연구회를 학교 운영의 중심적인 업무로 설정해 왔다. 학년 단위의 수업공개와 자주적인 작은 연구회를 포함하여 연간 100회에 가까운 연구 기회가 조직되어 있다.

월례 교내연수에서는 매회 두 명의 수업자가 각자 설정한 테마에 입각하여 수업을 공개하고 그 수업을 저자가 기록한 비디오를 활용하면서 전체가 토의하는 방식으로 실시하고 있다. 수업 하나에 2시간 가까운 검토 시간이 주어지고 있으므로 3시에서 7시경까지 토의가 이루어지는 것이 통례이다.

어느 학교에서나 교내연수는 학년 단위, 교과 단위로 지도안을 준비하는 일에 방대한 시간을 소비하고 수업 후의 토의는 간단하게 끝내는 것이 일반적이다. 그러나 하마노고 소학교의 교내연수에서는 지도안 작성은 수업자에게 맡기고 일상의 보통 수업을 공개하여 오히려 교실에서 일어나는 구체적인 일들의 관찰을 통해서 수업 후의 검토에 힘을 경주하고 동료 간에 서로 배우는 일을 추구하고 있다.

이 학교에서는 학교나 학년에서 '연구주제'를 정하는 일도 일절 하지 않는다. 교사 한 사람 한 사람의 개성을 존중하고 각자가 스스로 '연구주제'를 설정하여 각기 지역 내의 연구자나 교사로부터 조언자를 찾아 연구를 추진하고 수업을 공개하는 것이다.

전교의 교내연수와 학년 단위의 수업연구회는 이렇게 교사들끼리 서로 개성을 발휘하여 수업의 다양한 양식을 교류하고 서로 배우면서 성장하는 기반이 되고 있다. 개교 당시에는 논평자인 저자가 토의를 주도하는 형태였지만, 2학기 이후부터는 저자가 코멘트를 할 여지가 없을 정도로 활발하고 솔직한 의견이 모든 참가자 가운데 교류하는 연구회가 되었다. 오오세 교장도 사회과 수업에 몇 번이고 도전하여 수업자의 한 사람으로서 교사들의 비평을 받고 있다는 점도 중요하다. 이 학교에서는 교장을 포함하여 모든 교사가 수업창조와 비평을 통해서 전문가로서 서로 성장하는 관계를 만들어가고 있는 것이다.

학교조직의 개혁 공개연구회에 참가한 전국의 교사들은 하마노고 소학교에서의 교육과정과 학교조직 개혁에 높은 관심을 보인다.

하마노고 소학교의 시간표는 교사에게나 아이들에게나 활동의 중심을 명확하게 할 수 있도록 단순화되어 있다. 예로, 이 학교에는 아침의 직원회의도 없는가 하면 교실에서의 학급별 조례도 없다. 시작 시간이 되면 교사도 아이들도 교실에서 15분의 독서를 하면서 하루를 시작한다. 한자와 계산 연습도 아침의 15분으로 끝내버린다.

그리고 오전 중의 시간표는 90분 단위의 두 개의 수업으로 조직되어 있다. 여유 있게 90분에 걸쳐 주제 중심의 교과학습과 총합학습에 임하기 위해서이다. 물론, 이 90분을 두 개로 나누어 45분의 수업을 해도 좋으며 3개로 나누어 30분 단위로 수업을 해도 좋다. 학습시간이 유연하다는 것이다.

학교조직의 단순화는 보다 더 철저하다. 이 학교의 교사는 수업검토를 하거나 교육과정을 창조하는 학년회와 학교 전체에서 의사결정을 하는 월 두 차례의 직원회의 이외는 일절 회의를 하지 않는다. 교무분장 업무나 위원회의 회의가 일절 없는 것이다.

교무분장의 일이 없는 것이 아니다. 이 학교에서는 1인 1역으로 교무분장을 개개인이 담당하고 있으며 교장, 교감과 상담하여 분장별 업무를 책임지고 수행하고 다른 교사의 협력이 필요한 경우는 직원회의에 제안한다. 1인 1역의 분장이므로 회의가 필요 없는 것이다.

보통 일본의 교사는 주당 52시간이나 일하지만, 수업이나 교육과정 창조, 연수에 충당하는 시간은 절반도 되지 못하고 있다. 회의나 잡무에 방대한 시간을 소비하고 있는 것이다.

그러나 하마노고 소학교 교사들은 학교조직을 단순화하고 직원회의와 학년회 이외의 회의를 없앰으로써 일의 대부분을 수업과 교육과정 창조와 수업연구에 투자할 수 있게 되었다. 교사의 생활에 여유와 창조성이 생겨난 것은 말할 필요도 없다. 앞서 제시한 연간 100회에 이르는 수업사례 연구는 이렇게 학교조직의 단순화에 의해 가능하게 되었다.

'학급왕국'의 벽도 돌파되었다. 하마노고 소학교에서는 한 학년의 교사 집단이 하나의 단위가 되어 활동한다. 예로, 총합학습은 학년의 협동체제로 교육과정이 준비되어 아이들도 교실을 뛰어넘어 서로 배움을 실현하고 있다.

보통의 교과 수업에서도 학년 단위의 팀 티칭이나 연계지도는 일상적이다. 때에 따라서는 담임을 교체하여 수업을 하는 일도 있다. 교사 상호 간의 협동이 실현되고 있으며 아이들 측에서 말하면 복수의 교사로부터 지도를 받을 수 있는 조건이 실현된 것이다.

공개연구회 당일에 배포되는 자료에는 교육과정과 학교조직을 단순화하여 전문가로서의 교사의 협동을 실현함으로써 학교를 '배움의 공동체'로 되살리는 길이 구체적으로 제기되어 있다. 참가한 다른 지역의 교장이나 다른 시의 교육위원회의 발언에서는 하마노고 소학교를 모델로 하여 '배움의 공동체'를 자신들의 학교나 지역에서 실현해 보겠다는 강한 의지가 표출되며 연구회장은 그야말로 뜨거운 박수로 가득 찬다.

하마노고 소학교의 도전은 불과 10개월의 시도이며, 시작의 첫 걸음을 내디딘 것에 불과하다. 아이들의 가능성을 열어가고 마음껏 자신의 힘을 발휘하기 위해서는 1년 이상은 실천이 축적될 필요가 있다. '배움의 공동체'에 어울리는 교육과정을 창조하고 보호자와 시민의 안정된 연대를 형성하는 데에는 적어도 3년 이상에 걸친 착실한 노력이 요구된다.

그러나 이 첫해 공개연구회의 아이들과 교사와 보호자와 참관자들의 숨결은 이 학교의 도전이 21세기 학교를 선험적으로 준비하는 귀중한 한 걸음임을 확신시키는 것이었다.

* * *

그리고 2000년 봄 하마노고 소학교는 3년째를 맞이하였다. 2년 동안 '배움의 공동체' 만들기의 실천은 하루하루의 일상적인 일과 속에서 착실하게 정착되어 왔다. 지난 2년간 아이들도 교사도 완만하게 변화해 왔다. 아이들의 변화도 교사의 변화도 학부모들의 변화도 완만하면 완만한 만큼 착실하다. 무엇보다도 아이들과 교사의 목소리와 신체가 부드러워지고 거의 모든 교실에 '서로 듣는' 관계가 밀도 높게 구축되어 왔다는 점이 귀중하다. 이 관계의 구축을 기본 축으로 하여 2년간 교내연수의 모든 것이 전개되어 왔다.

실제로 하마노고 소학교를 방문하여 교실을 참관한 사람들은 교사와 아이들이 조용한 시간 속에서 편안한 관계를 만들고 목소리와 목소리를 겹쳐가면서 마치 직물을 짜 들어가는 것처럼 서로 배우는 모습에 깊은 인상을 받는다. 한 사람 한 사람이 안심하고 자기 자신을 서로 열어가고 자신과 친구의 가능성에 도전하고 다양한 개성이 만들어 내는 차이로부터 서로 배우는 교실을 형성하고 있는 것이다.

2년간의 노력을 통해 교사들은 대도시 교외의 신흥주택지에 위치한 이 학교 학군의 아이들이 다양한 사회적, 문화적, 경제적인 어려움을 짊어지고 살고 있다는 것을 재인식하게 되었다. 2년 전의 개교 당시, 등교 거부 아동 수가 10명 가까이 되었지만, 1년째의 2학기 이후는 모든 아이가 학교에 다시 오기 시작했다. 그러나 한 명 한 명의 아이를 자세히 들여다보면, 책가방 가득 고민을 짊어지고 학교에 온다. 정서가 불안정한 아이도 적지 않다. 누구든지 안심하고 자기 자신을 표현하고 서로 배우는 관계를 형성하는 일은 지금도 학교 만들기의 중심적인 과제의 하나이다.

2년간을 통해서 학부모의 학습참가도 모든 교실에 정착되었다. 학습참가 방식은 학년과 교실에 따라 다양하다. 어떤 교실에서는 한 달에 한 번 정도 보통의 수업참관을 학습참가로 바꾸는 방식으로 교사의 수업에 부모가 도우미로 참가하고 있다. 그리고 어떤 학년에서는 학기에 한 차례 총합학습과 사회과에서 1주일 가까이 부모와 협동으로 수업을 창조하는 활동을 전개하고 있다. 방식이 다양하지만, 어느 경우에도 부모의 70% 이상이 참가하고 있으며 교사와 부모가 협력하여 아이를 키우는 연대의 기초가 되고 있다. 2년째까지는 연구부의 부회部會의 하나로 학습참가를 설정했지만, 3년째부터는 부회를 없애기로 했다. 이미 모든 교실에 정착되어 있기 때문에 학습참가는 부모와의 친밀한 관계와 더불어 충실한 경험이 실현되면 좋기 때문이다.

'배움의 공동체'의 파일럿 스쿨로서의 역할에 있어서도 소기의 목표를 달성했다고 해도 좋을 것이다. 이 2년간, 이 학교의 도전은 NHK 교육방송에 두 차례에 걸쳐 특집 프로그램으로 보도된 것을 비롯해 신문, 잡지, 서적 등을 통해서 전국에 널리 알려졌다. 그래서 매월 이루어지는 교내연구회와 매년 개최되는 공개연구회에는 시내의 교사와 지도주사뿐만이 아니라 전국의 교장, 교사, 교육위원회 구성원이 참관을 위해 방문한다. 치가사키 교육위원회는 1999년 하마노고 소학교의 선도적 시행을 참조하여 학교개혁의 10년 계획을 작성하여 전국 각지의 학교에서 하마노고 소학교를 모델로 하는 학교개혁이 추진되고 있다. 매월 전국으로부터 방문하는 교사들의 뜨거운 관심이 이 학교 교사들의 실천을 지지하고 격려해 온 것이다.

하마노고 소학교의 3년째 과제는 질 높은 배움의 창조와 교육과정 만들기이다. 어디까지 나아가더라도 끝이 없는 영속적인 개혁의 단계에 돌입했다고 할 수 있다. 우선, 질 높은 수업을, 배움을 실현하는 수업을 창조하기 위해서는 지금 이상으로 교사의 교양을 높일 필요가 있다. 일반적인 교양이 아니다. 교과내용이나 교재에 관한 전문가로서의 교양, 나아가 책으로 배우는 교양이 아니라 스스로의 수업 창조와 반성을 통해서 형성한 실천적인 교양을 형성하지 않으면 안 된다. 지금까지 '관계 만들기'를 중심으로 행해 온 수업의 사례연구를 배움의 경험인 '내용'을 중심으로 한층 구체적으로 연구할 것이 요구된다.

교육과정 만들기도 지속적이고 구체적인 노력을 필요로 하고 있다. '배움의 이력'으로 교육과정을 인식한다면, 일상수업에서의 배움의 창조가 교육과정 만들기의 구체적인 과정이 된다. 게다가 교육과정 만들기는 적게 어림해도 10년을 요하는 일대 사업이다. 이 2년간 하마노고 소학교 교사들은 교과 수업에서도 총합학습 수업에서도 갖가지 배움의 경험을 창조하고 다양한 아이디어와 교재와 자료를 축적해 왔다. 그 하나하나의 축적을 교육과정 만들기로 결정시켜 가는 노력이 의식화되어질 필요가 있다.

이렇게 하여 3년째를 맞은 하마노고 소학교는 앞으로도 영속시켜가야 할 두 개의 과제, 즉 질 높은 배움의 창조와 교육과정 만들기를 중핵적인 과제로 새로운 도전을 해 가고 있다.

수업이 바뀌면
학교가 바뀐다

모든 창조적인 활동은 자유와 공개와 비평을 필요로 한다. 교내연수도 교사 한 사람 한 사람의 자유로운 창조가 보장되고 그 실천이 많은 사람에게 공개되고 다양한 입장에서 비평받는 일 없이는 발전할 수 없다. 특별한 수업을 공개할 필요는 없다. 오히려 일상의 수업을 공개하고 아이들의 모습과 맞추어가면서 창조적인 실천에의 계기를 참가자와 함께 서로 깊이 있게 이야기해 가기를 바란다. 공개연구회를 매년 개최하게 되면, 그 학교에 공감하며 지원해 주는 교사가 늘어간다. 그러한 사람들의 기대와 비평으로 학교개혁은 독선에서 벗어나 보다 넓은 시야를 획득하고 지속적인 활동으로 발전해 갈 수 있다.

| 에필로그 |

교사의 일은 복잡한 일이다. 그 복잡함이 교사 자신에게 자각되고 있다고 말하기는 어렵다. 교육학자들 가운데에도 많은 사람이 교사의 일을 지나치게 단순화하고 있다. 하물며 교육행정 담당자와 매스컴 관계자들을 비롯하여 일반 사람들은 교사의 일은 누구라도 할 수 있다고 생각하고 있다. 그 생각 때문에 교사의 일은 더더욱 이해되지 않는다. 그 무이해를 기초로 교사에 대한 불신이 소용돌이치고 학교개혁이 외쳐지고 있다. 게다가 대부분의 교사는 아이들의 염원을 오해하고 있다. 아이들이 찾는 것은 '밝고 건강한 학교'가 아니다. 아이들이 요구하는 것은 '차분하게 안심하고 배울 수 있는 학교'이다.

그러나 교사의 일의 어려움을 인식하고, 목소리를 내지 않는 아이들의 말에 귀를 기울이는 교사도 적지 않다. 그들은 누구나 쉽게 근무할 수 없는 어려운 일임을 알면서도 눈앞의 아이들의 배움을 조금이라도 넉넉하게 하기 위한 노력을 계속하고 있다. 이런 조용한 교사의 일로부터 나는 배웠고, 그 경험의 일단을 표현하기 위해 이 책을 출판하게 되었다. 이 책에 관계되는 모든 교사에게 감사한다.

이 책은 수년간 집필한 3개의 연재를 제1장, 제2장, 제3장으로 구성하고 학교개혁의 실례를 들어 집필한 문장을 제4장으로 모아 편성했다. 제1장은 일본 배움방법 연구회의 기관지인 「배움의 방법」에 연재한 '교실풍경-작은 일의 큰 의미'(전 7회), 제2장은 같은 「배움의 방법」에 연재한 '수업이 바뀐다-학교가 바뀐다'(전 6회), 제3장은 일본 교육신문에 연재한 '사토 마나부의 교육과정 강좌-배움을 디자인한다'(전 18회)를 정리한 것이다. 그리고 어느 것 할 것 없이 이 책을 편집하면서 약간의 보필을 하였다.

이 책에서 들고 있는 사례는 모두 나 자신이 직접적으로 관여한 학교와 교실의 실천이다. 최근 몇 년간만 하여도 다 셀 수 없을 만큼 많은 학교와 교실에서 새로운 개혁의 사실과 만나고 많은 것을 배워 왔다. 이 책에 소개한 것은 그 일단에 지나지 않는다. 이 책을 길잡이로 하여 가까운 교실과 학교에서 열심히 몰두하고 있는 조용한 개혁의 물결에 눈길을 돌려준다면 더없는 기쁨이라 생각한다.

행복한연수원 원격연수

happy.eduniety.net

30시간 2학점 원격연수

아이들에게 배움을 강요하고 있지는 않으세요?

기본 배움의 공동체
수업이 바뀌면 학교가 바뀐다.

이 과정은 **'손우정 교수님과 함께하는 배움의 공동체 집중연수'** 현장 강의를 기초로
배움의 공동체의 철학과 원리, 실천방법을 충실히 다루고 있습니다.

배움의 공동체란?
- 01. 21세기 학교='배움의 공동체'
- 02. 배움의 공동체의 비전과 철학적 원리
- 03. 배움의 공동체 구축을 위한 선결과제
- 04. 국외 실천사례
- 05. 국내 실천사례

배움=대화적 실천
- 06. 배움의 재개념화: 배움=대화적 실천
- 07. 활동적인 배움
- 08. 협동적인 배움 I
- 09. 협동적인 배움 II
- 10. 표현적인 배움
- 11. 점핑이 있는 배움

교사의 수업 실천
- 12. 수업실천의 재정의: 기술적 실천에서 반성적 실천으로
- 13. 수업의 기본기예 I
- 14. 수업의 기본기예 II
- 15. 교사의 역할-듣기
- 16. 교사의 역할-연결짓기
- 17. 교사의 역할-되돌리기

수업사례연구
- 18. 수업의 임상적 접근=수업사례연구
- 19. 수업사례연구의 절차
- 20. 수업연구시스템의 구축

교내연수
- 21. 교내연수의 개혁
- 22. 수업사례를 중심으로 한 교내연수 I
- 23. 수업사례를 중심으로 한 교내연수 II
- 24. 교내연수의 실제

수업비평
- 25. 수업비평의 실제-초등학교
- 26. 수업비평의 실제-중학교
- 27. 수업비평의 실제-고등학교

배움의 공동체의 완성
- 28. 배움의 공동체의 완성: 학습참가
- 29. 배움의 공동체의 완성: 학습참가의 실제
- 30. 교사라는 아포리아

🦋 배움의공동체연구회와 함께 만들었습니다.
http://www.learningcom.kr

강의 손우정

현 배움의공동체연구회 대표 / 전 하자센터 배움공방 대표 / 전 월간 우리교육 기획위원 / 전 서울시 대안교육센터 전문위원

행복한연수원 원격연수 happy.eduniety.net

30시간 2학점 원격연수

한 명의 아이도 포기하지 않는 배움 만들기!

심화 배움의 공동체
수업이 바뀌면 학교가 바뀐다.

'배움의 공동체-수업이 바뀌면 학교가 바뀐다' 기본 과정을 심화 발전시킨 과정으로,
배움의 공동체 철학이 담긴 수업 속으로 좀 더 깊이 들어가서 살펴봅니다.

이론
01. 배움의 공동체란?
02. 배움의 공동체에서 말하는 '배움'
03. 협동적인 배움의 이론
04. 배움의 공동체와 수업 연구
05. 배움 디자인
06. 수업에서 무엇을 볼 것인가 (수업을 보는 TIP)

국어
07. 국어교과와 배움
08. 국어과 수업 대화
09. 국어과 수업 비평

수학
10. 수학교과와 배움
11. 수학과 수업 대화
12. 수학과 수업 비평

미술
13. 미술교과와 배움
14. 미술과 수업 대화
15. 미술과 수업 비평

역사
16. 역사교과와 배움
17. 역사과 수업 대화
18. 역사과 수업 비평

기술/가정
19. 기술/가정교과와 배움
20. 기술/가정과 수업 대화
21. 기술/가정과 수업 비평

과학
22. 과학교과와 배움
23. 과학과 수업 대화
24. 과학과 수업 비평

영어
25. 영어교과와 배움
26. 영어과 수업 대화
27. 영어과 수업 비평

총정리
28. 중학교 실천 사례
29. 고등학교 실천 사례
30. 총정리 및 질의응답

배움의공동체연구회와 함께 만들었습니다.
http://www.learningcom.kr

강의 손우정
현 배움의공동체연구회 대표 / 전 하자센터 배움공방 대표 / 전 월간 우리교육 기획위원 / 전 서울시 대안교육센터 전문위원

happy.eduniety.net

30시간 2학점 원격연수

함께만들어가는학교

[학교혁신]
학교를 변화시키는 초등사례

전국 7개 새로운 학교의 철학과 교육과정, 수업의 노하우와 현장의 목소리를 담았습니다.

목차
- 01. 학교혁신 추진 전략과 과제

보평초등학교
- 02. 학습자가 선택하는 교육과정-다빈치 프로젝트
- 03. 3무3행으로 보평의 학교문화를 이야기하다
- 04. 교육활동이 중심되는 학교조직

거산초등학교
- 05. 아이들을 사랑하는 교사들, 학교를 바꾸다.
- 06. 삶을 담는 문학교육
- 07. 교육과정을 재구성한 생태교육
- 08. 학교교육의 진화-문화예술교육

구름산초등학교
- 09. 도시형 거대학교의 새로운제안- 스몰스쿨
- 10. 구름산의 수업과 미래생태교육
- 11. 개교프로젝트 그리고 아이들이 만들어가는 행복동아리
- 12. 지역과 함께하는 아름드리 학교

백원초등학교
- 13. 아이눈으로 수업보기1
- 14. 아이눈으로 수업보기2
- 15. 아이눈으로 수업보기3

상주남부초등학교
- 16. 행복한 삶을 위한 도전, 아이들의 이야기를 담는 학교환경
- 17. 날마다 두근두근 행복한 작은학교
- 18. 상주남부의 수업혁신 "프로젝트학습"
- 19. 놀이처럼, 공부도 놀이처럼

송산초등학교
- 20. 남도의 작은학교, 새로운 희망을 꿈꾸다(수정검토)
- 21. 새로운 시도-무학년프로젝트수업
- 22. 체험과 도전으로 재구성한 교육과정
- 23. 모두가 행복한 학교공동체

조현초등학교
- 24. 교장선생님, 조현에서 길을 묻다.
- 25. 조현의 맞춤 9형태 교육과정
- 26. 틱장애도 ADHD도 학교안에서 치유하기
- 27. 수업과 학습을 돕는 학교지원체제

국제
- 28. 국제심포지엄을 통해 본 세계의 교육

토크토크
- 29. 교사들의 생생토크1 - 성공적인 학교혁신을 위한 노하우
- 30. 교사들의 생생토크2 - 학교혁신 어떻게 준비하고 어떻게 해야 하나

전국교직원노동조합과 함께 만들었습니다.
http://www.eduhope.net

참여교사 거산초등학교 복준수, 정종천, 최은희, 한진희 / 구름산초등학교 고은정, 김은숙, 김은혜, 양영희, 진장아, 홍명희
보평초등학교 서길원 교장, 허승대 / 백원초등학교 김현정, 서금원 교수님, 최진열
상주남부초등학교 김주영, 백미연, 이용운, 전종태, 조용기 교수님 / 송산초등학교 김현진, 오선영 / 조현초등학교 이중현 교장, 박성만

happy.eduniety.net

30시간 2학점 원격연수

함께 만들어가는 학교

[학교혁신]
학교를 변화시키는 중등사례

전국 6개 새로운 학교의 철학과 교육과정, 수업의 노하우와 현장의 목소리를 담았습니다.

목차
01. 학교혁신 추진 전략과 과제

홍동중학교
02. 농촌 학교 교육복지와 학교전망 꿈꾸기
03. 홍동이 만든 특별한 수업-특성화교과
04. 학교를 굴러가게 하는 네바퀴 - 학생, 교사, 학부모, 지역사회
05. 마을을 품은 학교, 학교를 품은 마을.

회현중학교
06. 모두를 주인으로 만드는 새로운 리더십
07. 나를 가꾸고 남을 배려하는 세움, 나눔교육
08. 함께 배우고 성장하는 학부모
09. 우리 아이 함께 키우는 학부모교육
10. 아이들이 만든 학교홍보영상

흥덕고등학교
11. 고등학교, 변화는 가능한가?
12. 미래지향적 핵심역량중심 교육과정
13. 자율과 통제 그 아슬아슬한 경계

수완중학교
14. 교사를 아이들에게 돌려주는 또 다른 방법(교사업무 줄이기)
15. 반배치고사 대신 치른 두 가지 시험-(인성검사와 학업성취도 검사)
16. 광주천에서 학교와 지역사회가 만나다!
17. 학생 모두를 담아내는 늘품교육과정-(너희들의 모든 것이 소중해)

장곡중학교
18. 학교를 바꾼 장곡의 수업혁신
19. 사회복지사와 인권교사가 만나니 아이들이 행복해졌어요.
20. 교과통합 프로젝트로 수업이 진화하다
21. 교사, 학생 학교에서 행복해지기

호평중학교
22. 교무회의가 의결기구입니다
23. 도시형 혁신학교의 교육과정 만들기
24. 수업을 보는 또 다른 시선 - 배움의 공동체
25. 사춘기의 아이들, 학교를 사랑하다.
26. 학교 텃밭속에 지역사회가 자랍니다.

국제
27. 북유럽 학교혁신의 사례

생생토크
28. 성공적인 학교혁신을 위한 노하우
29. 학교 혁신 어떻게 준비하고 어떻게 해야 하나

정리
30. 차시별 중요내용 정리

전국교직원노동조합과 함께 만들었습니다.
www.eduhope.net

참여교사 수완중학교 김혁순 교장, 강구, 김차원, 정성홍, 표남수, 현병순 / 장곡중학교 김미경, 문경일, 박현숙, 백원석, 이경숙, 이정민
호평중학교 강범식 교장, 김은시, 김희진, 이경하, 정현숙, 황연이 / 홍동중학교 이정로 교장, 노경수, 남등원, 민병성, 박신자, 방인성, 안은자
회현중학교 이항근 교장, 이경자, 양은희, 정영수 / 흥덕고등학교 이범희 교장, 김주영, 김문경, 이만주

행복한 연수원 원격연수
happy.eduniety.net

30시간 2학점 원격연수

난 어떤 교사로 기억될 것인가?

참여와 소통으로
행복한 교사되기

참여소통 선배 교사들의 선경험을 통한 노하우를 후배 교사들과 나누는 과정에서
자신만의 교육철학, 학습, 수업운영을 만들어 나갈 수 있을 것입니다.

이범희 선생님
01. 참여와 소통, 교사를 어루만지다
02. 학교란 무엇인가?
03. 변화하는 학교에서 희망을 찾다
04. 나는 어떤 교사일까?

고남숙 선생님
16. 수업에 대한 고민, 시작은 있지만 끝은 없다
17. 배움에는 관계가 우선한다
18. 스스로 배우고 성장하는 수업을 고민하다
19. 수업은 디자인되어야 한다

윤성관 선생님
05. 내가 바라는 수업과 과제
06. 수업변화를 위해 고군분투한 현실적인 도전거리들
07. 수업변화를 위한 나만의 전략
08. 수업변화를 위한 공동 전략

최성우 선생님
20. 설레는 교사와 어려운 아이들
21. 아이들의 참여와 기여로 함께 만드는 학급과 수업
22. 소통을 통한 부모, 아이 그리고 교사의 돌치성
23. 성공을 경험하려는 교사가 가야할 길

김용훈 선생님
09. 우리가 바라는 것은 동료? 동지?
10. 학교 내 소모임의 지속성을 위한 제안
11. 동료교사 문화를 만드는 3의 법칙

박경화 선생님
24. 마음을 열게 하는 첫 만남
25. 참여·소통을 통한 행복한 교실
26. 놀이로 만나는 아이들

조두형 선생님
12. 학급 총회로 학부모 만나기
13. 학부모를 학교 안으로!
14. 학부모들과의 소통 노하우
15. 학부모에게 상처받는 교사, 함께 이겨내다

김연일 선생님
27. 나는 어떤 교사로 기억될 것인가?
28. 성장의 고통을 겪고 있는 아이들 이해하기
29. 아이들과 신뢰적 관계 맺기
30. 쓸모있는 아이로 만드는 교사가 되자

 참여소통교육모임과 함께 만들었습니다.
http://chamtong.org

고남숙 / 김연일 / 김용훈 / 박경화 / 윤성관 / 이범희 / 조두형 / 최성우